中国梦

德育读本 01

主编 郭立志

飞翔吧，梦想

总策划：路宗安
主　编：郭立志
副主编：刘庆代　张燕芳　耿文杰　姜莲玉
编　委：郭立志　张燕芳　耿文杰　姜莲玉
徐　雁　丁媛媛　吕仲宪　刘洪民
孙　黎　弓守广　侯爱勤　曹文红

山东城市出版传媒集团·济南出版社

图书在版编目（CIP）数据

飞翔吧，梦想 / 郭立志主编. -- 济南 : 济南出版社, 2018.8

（中国梦德育读本）

ISBN 978-7-5488-3395-6

Ⅰ. ①飞… Ⅱ. ①郭… Ⅲ. ①德育—中学—课外读物 Ⅳ. ①G631

中国版本图书馆CIP数据核字（2018）第173317号

飞翔吧，梦想

总 策 划 路宗安

主　　编 郭立志

责任编辑 宋　涛　张慧敏

出版发行 济南出版社

地　　址 山东省济南市二环南路1号（250002）

编辑热线 0531-82772895

发行热线 0531-86131728

印　　刷 济南龙玺印刷有限公司

版　　次 2018年8月第1版

印　　次 2018年8月第1次印刷

成品尺寸 170mm ×240 mm 16开

印　　张 9.25

字　　数 113千

印　　数 1—15000册

定　　价 32.00元

写在前面

古语云 “教之道，德为先”，一语道出了教育的真谛。在大力推进素质教育的今天，深入贯彻落实“以德育人”的大方略更加凸显教育的根本和意义。德育以培养人的德行为目的，教育人树立正确的价值观、人生观和世界观，更好地处理人与人、人与社会、个人与国家之间的关系，引发和促进学习者在道德认识、道德情感、道德行为等诸多方面的变化或发展。

党的十九大对培育和践行“富强、民主、文明、和谐、自由、平等、公正、法治、爱国、敬业、诚信、友善”的24字社会主义核心价值观做出新的重大部署，继续推进公民道德素质建设。中国梦的实现，有赖于每一名公民道德素质的提升，而这需要在每一个公民的学生时代就进行培育。培养广大青少年质朴勤俭、团结合作、诚实守信、知荣明耻等良好的道德品质，成为学校乃至社会的一项重要课题。有鉴于此，我们组织骨干教师，经过充分酝酿和反复修改，编写了这套《中国梦德育读本》，以此弘扬中华民族的传统美德并践行社会主义核心价值观。

《中国梦德育读本》分为两册，共十一个模块：爱国篇、理想信念篇、团队篇、规则篇、诚信篇、感恩篇、交友篇、习惯篇、自强篇、心态篇、情绪篇，旨在通过古今中外经典的故事培养学生爱党、爱国、爱人民的国家意识和社会责任意识，培养学生良好的思想道德品质、团结合作意识，让学生学会感恩、学会交往、学会坦然面对困难、理性控制情绪，促进学生核心素养的提升和全面发展，为学生的良好发展奠定坚实的思想基础。本书语言简练优美、深入浅出，故事生动活泼、通俗易懂，希望成为广大青少年朋友提高自我修养的良师益友。

编纂成书容易，道德品质的养成却不是一蹴而就的事情。希望同学们在学习的间隙常阅此书，将书中那些闪光的品质放入自己人生的行囊，以求裨益于自身美德的形成。须铭记：我们的社会，需要的不仅仅是高分数的人才，更是有道德、高素质的精英！我们热切期盼同学们成长为这样的精英！

由于编者水平有限，本书或许存在疏漏之处，敬请批评指正！

目 录

CONTENTS

爱国篇

理想信念篇

团队篇

规则篇

诚信篇

爱国篇

苟利国家生死以，岂因祸福避趋之？

——[清]林则徐

自古至今，中国无数仁人志士怀着一腔热血，无数次在国家危难之际挺身而出，“挽倾厦之将覆，解万民于倒悬”。尤其到了近代，祖国山河饱受列强蹂躏，救亡图存的爱国志士更是视死如归，前仆后继，将爱国的史诗谱写得无比壮丽。终于，在中国共产党的领导下，我们迎来了新中国的成立，中华民族重新站立起来了。

和平年代，家国之情更应常记心中。天下兴亡，我的责任。如今，到了用我们这略显稚嫩的肩膀担起那份属于我们自己的责任的时候了。

屈原一片丹心逐汨罗

屈原是中国历史上第一位伟大的爱国诗人，中国浪漫主义文学的奠基人，被誉为“中华诗祖”“辞赋之祖”。

屈原名平，战国时楚国人，约生于公元前340年。他出身于楚宗室贵族，少年时受过良好的教育，博闻强识，志向远大。后来，屈原成为楚国重要的政治家，早年受楚怀王信任，任左徒、三闾大夫，兼管内政外交大事。他提倡“美政”，主张改革朝弊，对内举贤任能、修明法度，对外力主联齐抗秦。

但他振兴楚国的主张触犯了楚国旧贵族的利益，遭到那些人的反对和谗害，最后被顷襄王放逐，先后流放至汉北和沅湘流域。后来，楚国政治日益昏乱，经济停滞，兵力衰败，民生凋敝。屈原有才而不能施展，忧愁、愤怒之下，他写下许多诗歌，抒发忧国忧民之情。

公元前278年，秦将白起攻破楚都郢（今湖北江陵），屈原悲愤交加，怀石自沉于汨罗江，以身殉国。

屈原虽然远去了，但他的一片爱国丹心和不朽诗篇却千古流传，成为中华民族的宝贵精神财富。屈原的诗魂之所以万古长青，因为它实质上已构成了国魂、民族魂。那是对国家命运和国民幸福所做的不懈探索。

屈原的力量来自他对祖国与人民的信仰。信仰本身就是一种在天地间探索人类福祉的精神。一个没有信仰的民族是虚弱的，哪怕它拥有再多的物质财富。同样，一个没有理想的诗人也是没有激情的，又哪来的创造力！

上下求索路漫漫，一曲离骚千古传。屈原永远是我们中华民族史上的璀璨明珠！

苏武留北心系大汉

苏武，是汉武帝时期的大臣。公元前100年，匈奴新单于即位，汉武帝为了表示友好，派遣苏武持旄节率领一百多人出使匈奴。

苏武到了匈奴，完成了出使任务，正准备回国，却遭遇匈奴上层发生内乱，苏武一行受到牵连，被扣留下来。匈奴要求苏武背叛汉朝，给予高官厚禄让他臣服单于，却遭到苏武的严词拒绝。匈奴单于便把他关押起来，不给饭食，苏武靠着吃雪和毡毛坚强地活了下来。

匈奴见他宁死不屈，又把他流放到北海边牧羊，说等公羊生下小羊才让他回去。苏武到了北海，没有吃的，就掘草根充饥。但无论匈奴如何软硬兼施，苏武从未想过要背叛汉朝。

一直到了公元前85年，匈奴因为内乱分成了三部分。匈奴此时没有力量再跟汉朝打仗，就派使者来求和。那时候，汉武帝已驾崩，他的儿子汉昭帝即位。汉昭帝派使者到匈奴那儿，要求放苏武归汉，匈奴却谎称苏武已经死了。归汉的机会就这样错过了。

后来，汉朝又派使者来到匈奴，苏武的手下悄悄与使者取得了联系，告诉他们苏武还活着，匈奴这才让苏武返回大汉。

苏武没有想到这一出使竟然过了十九年。他出使的时候才四十岁，归汉时已须发皆白，旌节上的穗子也早已掉光了，但代表汉朝的旌节依然紧握手中。

岳飞尽忠报国

岳飞，字鹏举，1103年生于现在的河南安阳汤阴县，南宋抗金名将，中国历史上著名军事家、战略家，位列南宋“中兴四将”之首。

时值宋金对峙时期，北方的金国出兵攻打宋朝，烧杀抢掠无恶不作，南宋军队节节败退，百姓生活陷入战乱，困苦不堪。从小就立志报国的岳飞从军入伍，决心反击侵略，收复被金国侵占的土地。岳母姚氏是位伟大的母亲，勉励岳飞“从戎报国”，还在岳飞后背刺上“尽忠报国”（后世传为“精忠报国”）四字为训。岳飞从军后不负众望，他组织训练的岳家军纪律严明、英勇善战，在和入侵者的斗争中屡建奇功。

岳飞曾率岳家军与金军在长江一带交战，打得敌人望风而逃，一举收复了江南重镇建康(今南京)。不久，他又率军收复了湖北、河南部分失地，大大鼓舞了宋朝军民的士气。可是皇帝宋高宗和奸臣秦桧一心想求和，竟答应向金国称臣，年年进贡，以求“和平”。岳飞坚决反对，上书皇帝说：“和议不可靠，金人不可信，我请求率军北伐，收复失地。”但不被采纳。

不久，金国果然撕毁和议，再次南侵。岳飞率领岳家军奋起反击。在郾城一战中，岳家军击垮了金国的主力，追击残部，一直打到离故都汴京(今开封)不远的朱仙镇。金军统帅兀术只好率部下渡过黄河，仓皇而逃。岳飞正准备北渡黄河，乘胜追击，一举收复北方，不料宋高宗听信秦桧谗言，连下十二道金牌命令岳飞班师回朝。后来秦桧又诬告岳飞谋反，1142年初，岳飞被以“莫须有”的“谋反”罪名，与其长子岳云和部将张宪被害于风波亭。

岳飞虽然被奸人所害，但他崇高的民族气节，坚持抗金的正义斗争，世世代代为后人所敬仰。

文天祥留取丹心照汗青

南宋末年，朝廷偏安江南，国势弱小。在北方，蒙古族完成了统一，建立了强大的元朝，接着便把侵略矛头直指南宋。

1273年，元朝二十万大军攻下襄、樊，以此为突破口，顺江而下，一直打到南宋首都临安的近郊。元军所过之处，尸横遍野，血流成河，农田荒废，百业凋敝，民不聊生。身为朝廷重臣的文天祥带领军民奋起抵抗。在国家和民族危急时刻，文天祥无时无刻不把国家民族利益看作最高的利益，对投降派和奸佞之徒从不留情。文天祥明确提出“社稷为重，君为轻”。他并不对帝王愚忠，而只无条件地忠于国家和人民。

在一次战斗中，文天祥兵败被俘。元朝统治者很赞赏文天祥的忠义之举，多次派人劝降，但他都严词拒绝。一天，元世祖忽必烈亲自来劝降，许以丞相之职。文天祥大义凛然，斩钉截铁地说：“唯有以死报国，我一无所求。”临刑前，监斩官凑近说：“文丞相，你现在改变主意，不但可免一死，还依然可当丞相。”文天祥怒喝道：“要杀便杀，休得多言！”文天祥面向南方慷慨就义。

人虽牺牲，文天祥却给世人留下了一篇篇诸如《正气歌》《过零丁洋》《指南录》等荡气回肠的作品，一句“人生自古谁无死，留取丹心照汗青”成了他气壮山河的绝唱，表达着他对国家的耿耿忠心。

戚继光英勇抗倭

明朝时候，日本海盗不断从海上入侵我国的东南沿海，杀人放火，抢夺财物，无恶不作。他们甚至把大批男女抓走当奴隶，对我国东南海疆人民的生产生活造成很大威胁。人们痛恨这些海盗，叫他们“倭寇”。明朝派了许多优秀将领到沿海平倭，戚继光就是最杰出的一个。

戚继光，字元敬，1528年生于山东登州（今山东蓬莱）。他是明朝抗倭名将、军事家、民族英雄。

戚继光17岁就继承父业，梦想成为一个能文能武的将领，立志保家卫国，驱除倭寇。有一次他率军去迎击倭寇，有些士兵见倭寇来了，掉头就跑。戚继光喝住士兵，跳上一块大石头，连发三箭，射杀三个倭寇头目；又带头冲锋陷阵，士兵见状也都奋勇冲杀，终于取得了胜利。从此，他的声威大振，倭寇都叫他“戚老虎”。为了从根本上扭转战局，他重新挑选、训练，组建了一支由矿工和贫苦农民组成的新军。新军纪律严明、骁勇善战，人称“戚家军”。经过多次战斗，“戚家军”连战连胜，把入侵浙江的倭寇都消灭了。

后来，戚继光又率军转战福建。为了剿灭横屿岛上的倭寇，戚家军将士冒着巨大的危险，赤膊匍匐前进在海滩上。戚继光亲自擂响战鼓。经过激烈的厮杀，盘踞在岛上的大批倭寇被歼灭。戚家军乘胜追击，把福建沿海的倭寇一一扫平。在戚继光和将士们的共同努力下，危害我国东南沿海达300年之久的倭寇被彻底平定了。伟大的统帅、民族英雄戚继光和他的“戚家军”为祖国立下了不朽功勋。

关天培血战虎门

关天培是清朝爱国名将，曾多次英勇抗击英军侵略。1840年7月，英国水手在尖沙嘴一带横行霸道，杀死一无辜村民，英军不但不惩办凶手，反而乘机扩大侵略，接连几次向广东沿海武装进犯。关天培身先士卒，率领将士严阵以待，屡次打败英军。英军首领义律看到关天培率领的兵力强大，不敢再恣意挑衅。

鸦片战争爆发后，关天培在林则徐领导下，率兵英勇反击英军。英军无法侵占广东，就北上进犯天津。而昏愦的道光皇帝却屈从了侵略者的要求，下令将林则徐革职，派直隶总督琦善替任。琦善一到广州，就下令撤除关天培多年苦心经营的海防，将战斗力最强的兵勇全部遣散，海防一度空虚。

1841年1月，英军乘虚而入，攻陷沙角、大角两处炮台，致使虎门失去屏障，形势万分危急。关天培坐镇前线，向琦善请求增援。可是琦善唯恐妨碍“议和”，不敢发兵。关天培就拿出自己的俸禄补充军饷，鼓励将士英勇杀敌，又将数枚脱落的牙齿和几件旧衣寄给家眷，表达自己誓死与炮台共存亡的决心。

2月26日，英军向虎门大举进攻，轰击关天培所在的靖远炮台。关天培率领将士，挥刀上阵，指挥士兵顽强坚守。无奈寡不敌众，守卫炮台的将士大半英勇牺牲，关天培也身受重伤。

敌人从炮台背后蜂拥而上，一士兵要将关天培背下阵地，他横刀阻止。关天培令随从将大印带走，凛然坚持指挥，激励士兵奋力苦战。忽然，敌人又一发炮弹袭来，这位年逾六旬的老将不幸中弹牺牲。守卫炮台的400多名将士，最终全部壮烈殉国。

杨儒不输气节

杨儒是清末外交官，1892年以四品卿任美公使兼斯尼巴亚(西班牙)和秘鲁公使，1896年转任俄、奥、荷三国公使。

1901年，他到任俄国后不久，就开始和俄国政府谈判我国东北被占领土的归还问题。当时，正值义和团运动，俄国政府借以帮助镇压义和团为由，派兵占领了东北大部分土地，企图在谈判桌上逼迫中国代表承认他们在东北的特权，永久霸占东北。杨儒坚决不同意，拒绝在俄国人拟定的条约文本上签字。俄国人威胁他说："条约文本已由沙皇批准，一字不能改；若不签字，就不必谈判了，俄中两国也就无'友好'可谈了。"杨儒不怕对方的威胁，回答说："我宁愿与你们决裂，宁愿被我国政府治罪，也决不签字！我不能出卖祖国的权益！"

俄国代表又假意安慰说："你们政府已授权给你，出了问题，责任也不在你呀！如果你签了字，贵国政府要治你的罪，我们俄国会出面保护你的。"杨儒感到受了莫大的污辱，气愤地说："你何出此言！我是中国的官员，怎么能寻求你们的保护呢？"

杨儒因为担忧国事，心情沉重，加上年事已高，一次谈判归来时，不慎在雪地滑倒，摔成重伤，卧床一病不起。可是他依然坚持自己的主张，不肯向俄国人屈服。后来，清政府在全国人民的压力下，同意了杨儒的主张，拒绝在条约上签字。

邓世昌甲午殉国

邓世昌原名永昌，字正卿，1849年生于广东番禺，清末爱国将领、民族英雄。

19世纪末期，日本通过明治维新，开始走上资本主义道路，国力趋强。局限于本土狭小，资源匮乏，日本统治集团急于对外扩张寻找出路，以摆脱国内各种尖锐的矛盾，于是悍然发动甲午中日战争。

1894年7月25日，日本侵略军在牙山口外半岛海面，向中国海军发动突然袭击。8月1日，中日双方同时宣战，甲午海战爆发。9月17日中午，我方舰队在黄海海面与日本舰队遭遇，展开了一场激战。战斗打响后，邓世昌指挥的“致远”号冒着密集的炮火，纵横海面，频频开炮，屡中敌舰。在以先锋舰“吉野”号为首的四艘日本军舰进逼北洋舰队的旗舰“定远”号之际，邓世昌指挥“致远”号开足马力，抢到“定远”号前面，迎战来敌。

“致远”号在四艘敌舰的包围之中，顽强作战，不断炮击敌舰。经过近一个小时的激战，“致远”号弹孔累累，水线以下也多处受伤，船身倾斜，眼看就要沉没。邓世昌怒视着在海面上横冲直撞的“吉野”号，对大副说：“日本舰队全仗‘吉野’横行，如果撞沉它，我军一定能取得胜利。”他登上舰桥，慷慨激昂地向全舰宣布：“我们为国作战，早已把生死置之度外。现在我舰船伤弹尽，无力再战，我决定撞沉‘吉野’号，与它同归于尽。”全舰官兵齐声高呼，表示拥护。

邓世昌登上驾驶台，两手紧握舵轮，开足马力，向“吉野”号猛冲过去。不料，一颗日本鱼雷击中了“致远”号，顿时全舰爆炸起火，不久沉没。

落水以后的邓世昌，仍然高呼“杀敌”不止。随从把救生圈抛给他，他拒绝了。他养的爱犬“太阳”游到他身边，衔住他的衣袖，想救起主人。邓世昌已抱定必死之心，遂和爱犬一起沉没在汹涌的浪涛之中。全舰二百多名将士，除二十七人获救外，其余全部壮烈牺牲。

中国人也能修铁路

清朝末年，为了学习欧美国家的先进技术，改变国家积贫积弱的局面，清政府派出了第一批少年留学生。那时詹天佑12岁，十分聪明好学，立志要为国效力。后来他学习工程技术毕业，回到了国内。可在工程建设上，清朝政府对本国人才信心不足，像修铁路这种大工程，想让外国人主持。詹天佑尽管有才干，也只能配当助手。

1905年，修建北京到张家口铁路的消息传开了。为了抢占中国的战略要地，英国和俄国都争着要修。因为掌握了它，就能控制中国。双方争执不下，最后达成“协议”，威胁说中国铁路如果不让他们修，他们就什么也不提供。英、俄以为中国人离了他们肯定修不成这条铁路。

在国内有识之士的坚持下，中国决定用自己的人主持修铁路，清政府这才让詹天佑担任总工程师。有人对他仍然不放心，说他自不量力，说他胆大包天，劝他不要承担这项难度巨大的工程，弄不好会成为国家的罪人。詹天佑说：“京张铁路如果失败，不但是我的不幸，也会给中国带来很大损失。我就是要争这口气！”

为了给中国人争口气，詹天佑把全部精力都投入到工作中。他和工人们一起吃住在工地，细心勘探，大胆试验，经过4年艰苦的劳动，终于成功地修筑了京张铁路。这是中国人自己设计施工的第一条铁路，极大地鼓舞了全国人民的志气。詹天佑为祖国赢得了荣誉，先前那些瞧不起中国工程师的外国人也由衷地对他表示赞赏。

谭嗣同热血维新

清朝末年，政治腐败，民不聊生，西方列强虎视眈眈。有识之士，忧心忡忡，力图变法，以求维新。谭嗣同等六君子就是为维新变法而死的义士。

谭嗣同从小就痛恨外国势力侵略中国，决心为祖国富强而奋斗。他和康有为等人提出“维新变法”的主张，却遭到了以慈禧太后为首的封建顽固派的激烈反对。谭嗣同明白变法的艰难，对朋友们说：“就是杀身灭族，我也不会改变主张。中国只有闹到新旧两党流血遍地，才有希望，不然真是要亡国了。”

1898年，光绪皇帝决定变法，谭嗣同成了主要助手。不料，慈禧太后发动了政变，囚禁了光绪皇帝，大肆逮捕维新人士。康有为等人逃走了，谭嗣同却坚决不逃，他说：“各国的变法，没有不流血而成功的。现在中国还没有人为变法而流血，这是国家不能强盛的原因。如果要有人流血，就从我谭嗣同开始吧！”

谭嗣同被捕以后，毫无惧色，在监狱中写诗道：“我自横刀向天笑，去留肝胆两昆仑。”他被押到刑场受刑前，大声喊着：“有心杀贼，无力回天。死得其所，快哉快哉！”是为“戊戌六君子”之一。

没有痛哭流涕的忏悔，也没有卑躬屈膝的求饶，而是心忧国难，从容赋诗，慷慨赴死。那种大义凛然的悲壮、视死如归的气概，时至今日仍然让人唏嘘之余敬佩不已。

齐白石闭门绝仇寇

齐白石是我国近现代著名的艺术大师，其诗、书、画、印兼及人品，堪称“五绝”。

1937年北京沦陷后，日寇和汉奸的大小头目经常来找他的麻烦，有的登门“拜访”，有的是设宴“相招”，有的是携礼“馈赠”。面对他们的狼子野心，齐白石一眼看穿，对外宣布了“四不”原则：不轻易见客、不赴宴、不照相、对于送礼的一律不报答，以此对付外界的骚扰。

一次，他在大门上贴出一张字条：“白石老人心病发作，停止见客。”他原来确实有点心脏病，但并不严重。他对朋友说：“我是想借此为名，避免与他们接近。”第二年，他又在门上贴了一张字条：“画不卖与官家，窃恐不祥。”有汉奸对齐白石进行讹诈、欺骗或硬索，于是他又贴出一个告白：“切莫代人介绍，心病发作，断难报答也。”

后来，齐白石又在大门上贴出“停止卖画”的大字纸条，家乡人们听说后，纷纷来信关心他的生计，他用诗句回答朋友道：“寿高不死羞为贼，不丑长安作饿饕 。”表示自己宁可挨饿，也不取媚于恶人丑类。

齐白石一身爱国正气，感人至深。

1944年，日本侵略者已陷入战争的汪洋大海，惶惶不可终日。齐白石在一幅螃蟹画上题诗道："处处草泥乡，行到何方好！昨岁见君多，今年见君少。"对穷途末路的日寇进行了尖锐的嘲讽。

新中国成立后，齐白石被授予"人民艺术家"称号。

吉鸿昌挺胸做中国人

1895年，吉鸿昌出生于河南省扶沟县吕潭镇一个贫苦农民家庭。1913年秋天，不满18岁的吉鸿昌弃学从戎，投入冯玉祥部当兵。因吃苦耐劳、刚勇正直，他很受冯玉祥赏识，很快升为将军。

1931年9月21日，矢志抗日的吉鸿昌将军被蒋介石逼迫下野，到国外"考察实业"。刚到美国，吉鸿昌就接二连三地遭到不平等对待。头等旅馆不接待中国人，却对日本人毕恭毕敬。有一次，吉鸿昌要往国内邮寄衣物，邮局职员竟说世界上已经不存在中国了，吉鸿昌怒不可遏，刚要发作，陪同的使馆参赞劝道："你为什么不说自己是日本人呢？只要说自己是日本人就可受到礼遇。"吉鸿昌当即怒斥："你觉得当中国人丢脸吗？可我觉得当中国人光荣！"为抗议帝国主义者对中国人的歧视，维护民族尊严，他找来一块木牌，用英文在上面写上"我是中国人"，挂在胸前。

在国外，吉鸿昌利用媒体以事实揭露日本侵略中国的种种罪行，并怒斥英国纵容日本侵略中国和蒋介石对日妥协的丑恶行径。在德国时，吉鸿昌曾多次要求到苏联进行访问，遭到蒋反动政府使馆的百般刁难，不予签证。悲愤之下，吉鸿昌挥笔疾书：“渴饮美龄血，饥餐介石头。归来报命日，恢复我神州。”

徐悲鸿的爱国傲骨

徐悲鸿被称为中国现代美术教育的奠基者。曾接受过西方绘画教育的他，回国后长期致力于美术教育。丰富的留学经历和对绘画的专研，使得徐悲鸿对人生有着自己的思考。“人不可有傲气，但不可无傲骨”是这位国画大师的座右铭，也是他光辉一生的真实写照。

徐悲鸿出身贫寒，自幼便跟随父亲学习诗文书画。为了生计，他13岁就跟着父亲辗转于乡村镇里，靠卖画为生，接济家用。后来，他辗转来到上海卖画，并借机学习绘画。背井离乡的日子虽然艰苦，却丰富了徐悲鸿的阅历，也磨炼了他自力更生、不事权贵的骨气。

年轻窘迫的徐悲鸿在洋人面前没有丝毫的奴颜媚骨。他20岁成名，被一法国富翁看中，让他前去画像，并给予优厚的待遇。他断然拒绝，坚持保持自己“江南布衣”的本色。在赴法留学专攻美术期间，他遭到了洋学生的歧视，被嘲笑“生就得当亡国奴的材料”。徐悲鸿面对挑衅，义正词严地予以回击，并以虚心好学换来了一个个优异成绩，以此来证明自己，驳斥那些洋学生的轻蔑言辞，表现了崇高的民族气节。回国后，徐悲鸿不为高官厚禄所诱惑，也不为政治上的高压所屈服，坚决拒绝为蒋介石画像。

徐悲鸿一路走来，都坚持走自己的路，用自己高超的技艺为祖国服务，为中华民族争光。

张自忠誓死保国

张自忠，字荩忱，1891年生于山东省聊城市临清，著名抗日英雄。

张自忠经常教育部下：军人只有以必死的决心去战胜敌人，才能对得起国家和自己的良心。

抗日战争爆发后，张自忠被任命为国民党军三十三集团军总司令。1940年5月，张自忠率军在湖北襄樊一带抗战。大洪山一战，他们消灭了1000多名日寇。日军疯狂报复，派重兵包围过来，张自忠和士兵们坚决抵抗。敌人用飞机大炮轰炸，张自忠几次率军反击，都没有成功。部下劝他突围，他说："我要是撤了，这一带就保不住了。我要用身体来保卫湖北西部河山！"后来，张自忠被困在十里长山上，左肩也受了伤。他说："我是不打败仗的，败只有死，我不能对不起部下。只有誓死不退，才能抗敌保国。"

日军冲了上来，张自忠身中数弹，仍然屹立山头，坚持杀敌。一颗子弹击中他的胸部，伤口喷血不止。他倒在地上对副官说："我这样死得好，对得起国家，对得起民族……心里平安。”说完，他又顽强地站起来，向敌人扑过去，敌人的子弹又射中他的腹部和头部。张自忠将军终于倒下去了。他是抗战中牺牲的中国军人中职务最高的一个，被追授二级上将衔。

周恩来总理在评价他时说道：“其忠义之志，壮烈之气，直可以为中国抗战军人之魂。”

苏步青读书不忘救国

苏步青，1902年生于浙江温州平阳，是中国著名的数学家、教育家，中国微分几何学派的创始人。

在初中的时候，苏步青凭着自己的天资聪颖，除对数学还没什么兴趣外，其他科成绩一直非常好。然而，一次数学课上杨老师的一席话，彻底改变了他对数学的态度。杨老师说：“同学们，当今世界，弱肉强食，世界列强依仗船坚炮利，都想蚕食瓜分中国。中华亡国灭种的危险迫在眉睫，振兴科学，发展实业，救亡图存，在此一举。天下兴亡，匹夫有责。在座的每一位同学都该负起应有的责任。”他旁征博引后又讲述了数学在现代科学技术发展中的巨大作用：“为了救亡图存，必须振兴科学。数学是科学的开路先锋，为了发展科学，必须学好数学……”

从那以后，在杨老师的影响下，苏步青的兴趣也由文学转向了数学，并写下了“读书不忘救国，救国不忘读书”的座右铭。功夫不负有心人，经过一番努力，苏步青在数学上渐渐地崭露了头角。

1931年，苏步青获得理学博士学位。在此之前，苏步青已在日本帝国大学数学系当讲师。当时，日本一所大学准备聘他去任待遇优厚的副教授，苏步青婉言谢绝，毅然回到抚育他成长的祖国任教。在浙大任教授的苏步青，生活十分艰苦。面对困境，苏步青的回答是：“吃苦算得了什么，我心甘情愿，因为我选择了一条正确的道路，这是一条爱国的光明之路啊！”

后来，苏步青在数学领域为祖国做出了不可磨灭的贡献，也推动了中国科学的发展，被誉为“东方国度上灿烂的数学明星”“东方第一几何学家”“数学之王”。

梅兰芳蓄须明志

梅兰芳，1894年生于北京，是一位杰出的京剧表演艺术家，也是一位有爱国气节的艺术家。

1931年，日本侵略者发动了九一八事变。梅兰芳痛恨敌人，为了不当亡国奴，举家迁往上海。在上海，他编演了《抗金兵》和《生死恨》两出戏。这两出表现爱国思想的新戏一上演，就受到观众喜爱。

1937年8月13日，日军占领上海。日本人知道梅兰芳是闻名世界的大艺术家，托人要求他在电台播音，被梅兰芳拒绝。梅兰芳移居香港后，为了摆脱敌人的纠缠，决定不再露面，不再登台演出。

1941年底，日军攻占了香港。他们知道梅兰芳正在香港，就到处搜查。这一天，清晨洗脸时，梅兰芳第一次打破惯例，没有刮胡子。儿子见了很奇怪。“我留了胡子，日本鬼子还能强迫我去演戏吗？”梅兰芳说。一天上午，日军司令酒井派人把梅兰芳接去。一见面，他就假热情地关心梅兰芳留胡子的事，梅兰芳坦然地说：“我已经快五十岁了。一个演旦角的，扮相和嗓子都不行了，已经失去了上台的资格。”后来，梅兰芳又回到上海，靠画画卖钱养活家人和与他一起演出过的朋友。上海日伪政权多次请他出演，都被他拒绝了。

1945年8月15日，传来了日寇投降的消息。梅兰芳激动地流下了眼泪。不久，梅兰芳就在上海重新演出了，场场观众爆满。

朱自清宁饥馁不领“救济粮”

抗日战争结束后，美国政府一方面支持蒋介石发动内战，一方面又利用签订条约的办法在中国获取了许多特权，还加紧武装战败国日本，对中国重新制造威胁。

当时社会上物价飞涨，物品奇缺，民不聊生。人民对美国和国民党政府十分不满，反抗的呼声日趋高涨。美国为了支持蒋介石，平复人民怨气，就运来一些面粉，说要“救济”中国人，好让中国人感激美国，不再反抗。

著名学者朱自清看透了美国的“良苦”用心，认为美国的救济是对中国人民的麻痹和侮辱。他便联合一些学者，在一份宣言上庄重地签上了自己的名字。那份宣言表示，坚决拒绝美国的“援助”，不领美国的“救济粮”。

当时，朱自清正患严重的胃病，身体非常虚弱，体重不足40公斤，经常呕吐，以至于彻夜不能入睡。拒领“救济粮”意味着每月生活费要增加600万法币的支出，生活将更加困难。可是为了维护国家和民族的尊严，他坚决拒绝那些别有用心的“赏赐”。他在日记中写道：“坚信我的签名之举是正确的。因为反对美国武装日本的政策，要采取直接的行动，就不应逃避自己的责任。”

两个月后，朱自清因贫病交加，不幸去世。他宁肯挨饿而死，也不肯领带侮辱性的“救济粮”，表现了一个中国人应有的尊严。

“华侨旗帜”陈嘉庚

陈嘉庚是著名爱国华侨领袖、教育家，早在1910年就参加同盟会，募款支持孙中山领导的革命活动。

中华民国成立后，他一再反对日寇侵略，筹款救灾抵制日货，导致工厂被焚，亦在所不惜。1942年，日寇攻占新加坡，他被迫避难印尼。在这期间，陈嘉庚作了自称“俚句”的述志诗：“爪哇避匿已两年，潜踪难保长秘密。何时不幸被俘虏，抵死无颜谄事故。”他把剧毒的氰化钾藏在怀里，随时准备以身殉国。

陈嘉庚先生忠公谋国，无私无畏。在国民党当政之时，他反对汪精卫对日言和，斥汪为汉奸、卖国贼，后又反对蒋政权贪污独裁，致电美国总统，抗议美国支持蒋介石集团发动内战，并公开声明不承认伪总统和美蒋条约。

1949年，他应毛泽东电邀，回国出席全国政协会议，参加开国大典。新中国成立后，陈嘉庚又致力于祖国社会主义建设事业，并对推动华侨爱国大团结、鼓励华侨支持祖国和家乡建设起到了积极作用。他生前叮嘱“把集美学校办下去，把300万元存款捐献给国家”，并一再呼吁祖国统一，弥留之际还对台湾的回归深表关切。

陈嘉庚无愧于爱国华侨的一面旗帜。他的影响远远超出了国界，他的精神在海内外都将永放光芒。毛泽东曾给予他高度评价，称他为“华侨旗帜，民族光辉”。

钱学森毅然归国心

钱学森，1911生于上海，世界著名空气动力学专家，我国载人航天的奠基人，被誉为“中国科技之父”和“火箭之王”。

钱学森1935年赴美留学，拜冯·卡门教授为师，成为冯·卡门教授的得意助手。新中国成立的消息传来时，钱学森已经在美国有着优厚的待遇和优越的工作条件。可他时刻不忘自己的祖国，想要回去贡献自己的一份力量。他把这件事告诉了和他一起的中国留学生，可他们让钱学森不要回去，对他说：“现在祖国要钱没钱，要设备没设备，现在回去搞科学研究，只怕有困难。”可钱学森没有把这当回事，开始为归国做准备。

就在钱学森打算离开洛杉矶的前两天，美国移民处以“参加过主张以武力推翻美国政府的政党”的罪名，把钱学森押往看守所。在看守所，钱学森像罪犯似的被监禁着，这一监禁就是5年。其间，党中央对钱学森在美国的处境极为关心，中国政府公开发表声明，谴责美国政府的无理举动。

5年的监禁生活并没有打消钱学森归国的热切渴望。后来，经过一系列的努力，钱学森终于在1955年10月回到阔别20年的祖国。钱学森回国后，在老一辈无产阶级革命家领导下，从培训科技干部做起，克服重重困难，用4年时间成功研制发射我国第一枚近程导弹，又用5年时间研制成功中近程导弹，此后又使我国拥有了导弹核武器。短短10年，我国导弹核武器得到了飞速发展，跻身于世界强国之列。聂荣臻元帅曾说：“这是与学森同志出色的工作分不开的。”

千山万险隔不断毅然归国心。钱学森不仅是知识的宝藏、科学的旗帜，而且是民族的脊梁、全球华人的典范，向世界展示了华人的风采。

邓稼先力挑重担研“两弹”

邓稼先是我国著名核物理学家，为中国核武器、原子武器的研发做出了卓越贡献。

1958年，为摆脱欧美的武力威胁，国家下达了研制原子弹的命令，年轻的邓稼先被选为主要研制者之一。他深感自己责任重大，曾对同事说："为了完成这项任务，死了也值得。"

从此，他开始了秘密的研制工作，人们再也看不到他的身影，连他的妻子和亲人也不知道他在哪里工作。他也只能把对亲人的感情埋在心里，过着长期的独身生活。

后来，原子弹、氢弹相继爆炸成功，人们仍然不知道邓稼先就是"两弹"元勋。有一次，他的好友、美籍华人科学家杨振宁回国探亲，点名要见他。两个人会面后，杨振宁问他在哪里工作，又问起原子弹爆炸的事。他只能回答是在京外单位工作，丝毫没讲自己正是造原子弹的。

长期的艰苦工作损害了邓稼先的身体。1986年，他罹患癌症病逝。一直到报上发布了他去世的消息，全国人民才知道邓稼先这个名字。邓稼先不图个人的名和利，舍弃了个人的幸福，几十年默默无闻地为国家大业奋斗，却从不后悔。临终前，他欣慰地说："我可以瞑目了。"

常香玉义演捐飞机

常香玉，原名张妙玲，1923年出生于河南省巩县，是我国著名的豫剧表演艺术家。

1950年，美帝国主义悍然进攻朝鲜，威胁我国安全。为挫败其侵略行径，中国人民志愿军奋起入朝作战，保家卫国。

当常香玉听到中国人民志愿军某高地遭受百余架敌机狂轰滥炸，全连战士壮烈牺牲的消息后，一夜没合眼，第二天清早就和丈夫商量买飞

机捐献给志愿军的事。

捐献飞机的想法虽然很好，但真正做起来却并不容易。当时常香玉只是西安城里“香玉剧社”的社长，手里并没有多少钱。但性格倔强的常香玉硬是靠着一场一场的表演，一分一分地积攒，终于在1952年2月凑齐了购买“香玉剧社号”战斗机的经费。这期间她们共演出170多场，观众达30多万人，募集资金达到15.2亿元旧币，相当于现在的4000多万元人民币。

常香玉捐献飞机一事，感动了无数人，一时成为全国关注的事件。众多姑娘把自己的嫁妆都捐了出来，有的老人把一生的积蓄献了出来，踊跃支援中国人民志愿军。常香玉义演捐献飞机的事，激起了人民的爱国热情，震动了中南海，受到了毛泽东同志的表扬。

让中华之声响彻诺贝尔奖授奖大厅

丁肇中，华裔美国籍科学家，1936年1月27日生于美国密歇根州安阿伯城，祖籍中国山东日照。

丁肇中的中学时代在台湾度过。1956年8月底，丁肇中只身一人到美国密歇根大学留学。在大学里，他废寝忘食，埋头书斋，图书馆—实验室—食堂—宿舍，是他生活的轨迹。

在学习上，丁肇中并不满足于几本教科书以及教师指定的参考书，他决心系统地、深入地搞清楚整个近代物理学的来龙去脉，及时、广泛地了解近代物理学的最新成就和发展趋势。

1974年，丁肇中在美国的布鲁克海文国家实验所，进行了一项大胆、复杂得令人眼花缭乱的实验，他发现了一种人们以前完全没有预料到的粒子——J粒子。1975年2月14日，为了这个发现，当时的美国总统福特给他发来了贺电。J粒子发现两年之后，丁肇中便荣获了1976年度的诺贝尔物理学奖，那年他才40岁。

按照惯例，在诺贝尔奖授奖仪式上，获奖者要用本国语言发表演讲。丁肇中是美籍华裔，因此，在授奖典礼上，他必须用美国语言——英语发表演讲，以往的美籍华裔诺贝尔奖获得者都无法打破这一惯例。但丁肇中认为自己是中国人的后代，只不过是在美国的土地上出生而已。他决心实现自己的愿望：让中华之声响彻诺贝尔奖授奖大厅。于是，他向瑞典皇家科学院请求：在授奖仪式的即席演讲中，先用中文讲，后用英文复述。当时的美国政府得知此事后，曾竭力阻挠。但丁肇中坚持己见的性格促使他去据理力争，最终获准。

刘翔接广告的原则

刘翔在中国体育田径史乃至亚洲田径史上，是第一个集奥运会冠军、室内室外世锦赛冠军、国际田联大奖赛总决赛冠军等多项荣誉于一身的运动员。而且，他很有爱国情怀。

进入21世纪以来，日本在中日关系和对华侵略历史问题上的倒行逆施，激起了中国人民的强烈不满，刘翔就是其中的一位。

在第十届全运会上，按照规定，运动员必须穿戴日本货美津浓(全运会服装的唯一指定商)的服装。但人们看到刘翔在冲刺的一刹那，所穿运动背心和短裤上的商标却被贴得死死的。原来，作为国家培养出的运动员，刘翔并没有反对穿戴日本货美津浓服装的规定，可他做出的聪明之举却体现了他抵制日货的决心，赢得了人们的广泛赞誉。

事实上，刘翔已经拒绝了好几单日本产品的广告邀请，对方开出的价码甚至比耐克和可口可乐还高，可以说是天价(在日本有不少刘翔的田迷，日本每年都盛情邀请刘翔参加日本横滨的田径精英赛)，但刘翔都拒绝了。

刘翔做广告有三个原则，这只在刘翔父亲、孙海平等极少数几个人之间保持相互默契：（一）必须是有实力、有品牌的大公司；（二）如果是外国企业和民族企业两家竞争，优先考虑后者；（三）第三条凌驾于第一条和第二条之上，作为刘翔接广告的第一准则，那就是所有关于日本的广告一律不接，不管开价多少。

留学生保卫奥运圣火

2008年4月6日，北京2008奥运会火炬传递到伦敦。在伦敦，有人想趁奥运圣火传递之机搞些破坏活动已不是秘密。英国媒体在圣火传递之前就纷纷报道说，有包括“自由西藏运动”等在内的6个组织可能会进行破坏活动。

预感到“藏独”等破坏分子一定不会放过这样的“机会”，中国在英留学生自发组织了“声援伦敦圣火”的活动。据《环球时报》记者了解，参与活动的留学生及爱国人士逾千人，他们中的许多人是从曼彻斯特、谢菲尔德、纽卡斯尔、伯明翰甚至是北爱尔兰等地赶赴伦敦集合的。

纷飞的大雪一直下到当地时间中午才停，但这丝毫没有浇灭学生们的爱国热情和支持奥运的决心。留学生们高举着写有“反对神圣的奥运政治化”的横幅，齐声喊着“我们热爱和平，热爱奥运”的口号，嘹亮的国歌从人群中反复地被唱响。时任中国驻英大使傅莹也从车窗中向沿途声援圣火传递的留学生们竖起了大拇指。

随着奥运圣火传递的覆盖面越来越广，许多国外媒体也认为，圣火传递过程中可能存在的“风险”也会越来越多。

“我们知道肯定会有‘藏独’分子捣乱，但是我们留学生的力量肯定更加强大。”在澳大利亚墨尔本留学的王先生说，在他所在的大学校园内，都能看到留学生张贴的“反‘藏独’，保卫‘圣火’活动”的宣传海报。留学生们的爱国热情感染着每一个外国人。

霍英东家族的爱国情结

2017年的两会上，一对来自香港的同胞兄弟颇为引人注目，哥哥霍震霆是全国政协委员，弟弟霍震寰则是全国人大代表。他们的父亲，就是已故的香港著名实业家霍英东先生。霍英东白手起家，在创造巨额财富的同时，爱国爱港情怀深厚，从20世纪50年代开始，一直与内地保持密切联系，长期担任全国政协副主席。

作为一名成功的商人，霍英东身上更为鲜明的特点就是爱国。早在20世纪50年代初期抗美援朝时，霍英东就和国家坚定地站在一起，他突破层层封锁，将内地急需的粮食、医药、棉纱等物品运进来。

霍英东最为人称道的事迹之一就是“体育外交”：在1974年成功帮助中国解决加入亚足联的问题，继而帮助解决国际奥委会恢复中国合法权利问题。

在霍英东2006年去世后，这个家族中除了老大霍震霆和老二霍震寰外，老三霍震宇是广州市政协委员，家族长孙霍启刚任天津市政协委员。霍氏家族积极投入到内地各项事业中。

霍震霆和弟弟霍震寰继承父亲的爱国之志，致力于香港的繁荣和稳定。霍震霆为两次申奥，在国际上奔走呼吁。为提高香港的国际声誉，争取在香港办2008北京奥运会的马术比赛，他亲自游说国际马联的每一位高管，为2008年奥运会马术比赛在香港分办立下了汗马功劳。

霍震寰执掌英东集团，保持爱国爱港家风不变，他通过英东基金会向香港及内地多所大学捐款，支持教育事业。

霍震宇的爱国爱港情怀也不输两位哥哥，在香港和内地均有兼职，还与钟南山院士联手建立英东南山创新有限公司，为突发性传染性疾病研究搭建平台。

“父亲一直致力于帮助中国体育事业的发展，他成立了霍英东体育基金，为中国申奥、运动健儿的激励以及体育场馆设施的建设都做出了自己的贡献。我们现在就是希望将父亲这种奉献精神延续下来。”

郎平理性爱国

郎平，作为当年中国女排的主力队员，凭借强劲而精确的扣杀绝技而赢得“铁榔头”的绰号，为国家赢得一项又一项荣誉，多少国人、华人为此骄傲。

郎平爱国理智、开放，而不狭隘。郎平在美国、意大利、土耳其等国俱乐部球队担任主教练时，取得了很好的成绩。她在欧洲赛场上表现的专业本领和指挥才能也为中国人争了光。

2008年北京奥运会，郎平担

任美国国家队主教练。小组赛上，上演了中美女排大战。郎平指挥高超，队员发挥出色，最终美国队战胜了中国队。这场比赛结束后，郎平饱受非议，但她并不后悔。她说："我执教美国，绝对不是为击败中国队。我是作为一名职业教练接受这份工作的，希望能为排球事业做出点贡献。""郎平是属于中国的。无论走到哪里，我时时刻刻记得，我是一名中国人。"执教外国球队，中国教练的职业素质和出色战绩，也是在为祖国争光。体育成绩固然关系祖国荣誉，但必须以公平比赛、遵守规则为前提。

郎平的选择不但诠释了爱国的热情，也诠释了爱国的理智。

理想信念篇

古之立大事者，不惟有超世之才，亦必有坚忍不拔之志。

——[宋]苏轼

有方向的前进才是真正的进步，有理想的奋斗才是真正的成长。理想之于人生，犹如灯塔之于航船。我们每个人都有自己的理想，但我们同属于一个国家，所以每个人的理想又与“中国梦”紧密相连。

“理想是石，敲出星星之火；理想是火，点燃熄灭的灯；理想是灯，照亮夜行的路；理想是路，引你走到黎明。”在我们的成长途中，让理想之光映照我们青春的容颜，让理想之光照亮我们前行的道路，让理想之光见证我们理想的实现！

八十二状元翁

在《三字经》中有这样几句："若梁灏，八十二，对大庭，魁多士。"这十二个字说的是梁灏82岁中状元的事迹。意思是有个梁灏，82岁时才考中状元，在金殿上对皇帝提出的问题对答如流，所有参加考试的人都不如他。他的事迹激励了无数后人。

梁灏年轻的时候正好是五代十国中后期，战乱的环境使自幼喜爱读书的梁灏难以专心致志。从年轻时他就开始参加考试，想一举成名，可是年年考，却年年落榜。虽然已经考了无数次，但他却一点也不灰心。梁灏的儿子受父亲影响，也是好学不倦的人，而且已经高中状元了。梁灏见儿子中了状元，除了高兴之外，对自己的期许也更深，他立定志向，一定要考上状元。从此，他更加用功。朋友们见到他如此用功，就劝他不要这么辛苦，儿子已是状元了，可以一生不愁吃穿，何必还要自己去争功名呢！

但是，梁灏并没有受这些话的影响，仍然日夜苦读。对于他而言，高中状元已然成了他毕生的信念，他坚信自己一定能够做到。皇天不负苦心人，在82岁那年，他终于考中了状元。当皇帝召见他时，他的表现丝毫不逊于年轻的状元，所以深受赞赏。对于自己以满头白发的高龄考中状元，梁灏一点也不以为意，因为他终于达到了目标，完成了心愿。

后人有诗称赞他："八十二岁状元翁，梁灏才华震龙庭。有志才能成大器，后人皆应效先宗。"

没有信念，永远做不成将军

春秋战国时代，一位父亲和他的儿子出征打仗。父亲已做了将军，儿子还只是马前卒。又一阵号角吹响，战鼓擂响了，父亲庄严地托起一个箭囊，其中插着一支箭。父亲郑重对儿子说："这是一支家传的宝箭，佩带身边，力量无穷，但千万不可抽出来。"

那是一个极其精美的箭囊，用厚牛皮缝制，镶着幽幽泛光的铜边儿；再看露出的箭尾，一眼便能看出是用上等的孔雀羽毛制作。儿子喜上眉梢，想象着自己搭弓射出宝箭的模样，耳旁仿佛有嗖嗖的箭声掠过，而敌方的主帅应声坠马。

果然，佩带箭囊的儿子英勇非凡，所向披靡。当鸣金收兵的号角吹响时，儿子再也禁不住得胜的豪气，完全忘记了父亲的叮嘱，强烈的欲望让他一下拔出宝箭，试图看个究竟。骤然间，他惊呆了。

那是一支断箭！箭囊里装着一支折断的箭！他一直带着支断箭打仗呢！儿子吓出了一身冷汗，仿佛顷刻间失去支柱的房子，意志轰然坍塌了。结果不言自明，在下一次战斗中，儿子悲惨地阵亡。拂开弥漫的硝烟，父亲捡起那支断箭，沉痛地说："孩子，没有自己的信念，永远也做不成将军。"

没有信念，永远也做不成将军。自己才是一支箭，若要它坚韧，若要它锋利，若要它百步穿杨，磨砺它、拯救它的都只能是自己的信念。

为中华崛起而读书

1911年底，周恩来在沈阳东关模范学校上学。这一天，魏校长亲自为学生上修身课，题目是“立命”。当时正值中国社会剧烈变动的时期，很多人，特别是年轻人思想困惑，没有明确的理想追求，没有人生奋斗的目标。校长讲“立命”，就是给学生讲怎样立志。

魏校长向学生提出一个问题：“请问诸君为什么读书？”

魏校长指着前排一同学说：“你为什么而读书？”这个学生站起来挺着胸脯说：“为光耀门楣而读书！”魏校长又问第二个学生，回答是：“为了明礼而读书。”第三个被问的学生是一个鞋店掌柜的儿子，他很认真地回答说：“我是为我爸而读书的。”同学们听了哄堂大笑。校长对这些回答都不满意，摇了摇头来到周恩来面前，问道：“你是为什么而读书？”

教室里静悄悄的，大家都在等待他的回答。周恩来站起身来，非常郑重地回答道：“为中华之崛起而读书！”

“为中华之崛起而读书！”回答得多好啊！一句话，表达了周恩来从小立志振兴中华的伟大理想。魏校长没有想到竟然有这样出众的学生，非常高兴。他示意周恩来坐下，然后对大家说：“有志者，当效周生啊！”意思是说，有志气的青年，都要向周恩来学习啊！

立志出乡关

1910年，毛泽东的父亲毛顺生要他去做生意，毛泽东却立志走出韶山继续求学。经过自己的力争和亲友、老师们的一致劝说，父亲才答应他的要求。在离家赴湘乡县立东山高等小学求学前夕，毛泽东提笔写了一首诗，夹在父亲每天必看的账簿里。这就是：

孩儿立志出乡关，学不成名誓不还。
埋骨何须桑梓地，人生无处不青山。

这首诗表明了毛泽东胸怀天下、志在四方的远大抱负。

崇高的理想可以催人奋进，不会陷入个人的狭小天地中。青年时代的毛泽东和他的朋友们有一个共同的愿望，那就是要改造社会、振兴中国，不图个人升官发财，要把青春时光花在最有价值的事情上。他们商定，朋友之间“三不谈”：不谈金钱，不谈身边琐事，不谈男女恋爱问题。

在毛泽东的青年时代，革命是要被杀头的。当时的毛泽东有一份很好的工作，收入也不错，又有一个贤惠的妻子，按照常人的想法，毛泽东大可不必去投身革命，何苦呢？但毛泽东没有安于现状，因为他的理想是改造社会，振兴中国，所以他积极地投身到滚滚的革命洪流中。为了革命，他一家二十多口人死于国民党的屠刀下，他的妻子杨开慧也未能幸免。但他擦干眼泪，始终没有动摇自己的信念，始终没有放弃自己的追求，向着新中国的事业继续迈进。理想一直在支持着他，这才有后来的毛泽东，才有了人民敬仰的毛主席——崇高的理想造就伟大的人。

人生没有什么能被保证

他生长在一个普通的农户家里。家里很穷，于是他很小就跟着父亲下地种田。在田间休息的时候，他望着远处出神。父亲问他在想什么，他说："将来长大了，不要种田，也不要上班，我想每天待在家里，等人给我寄钱。"父亲听了，笑着说："荒唐，你别做梦了！我保证不会有人给你寄。"

后来，他上学了。有一天，他从课本上知道了埃及金字塔的故事，就对父亲说："长大了，我要去埃及看金字塔。"父亲生气地拍了一下他的头说："真荒唐！你别总做梦了，我保证你去不了。"

十几年后，少年成了青年，考上了大学，毕业后做了记者，每年都出几本书。他每天坐在家里写作，出版社、报社给他往家里寄钱，他用这些稿费去埃及旅行。他站在金字塔下，抬头仰望，想起爸爸说的话，心里默默地对父亲说："爸爸，人生没有什么能被保证！"

他，就是中国台湾最受欢迎的散文家林清玄。那些在他父亲看来十分荒唐不可能实现的梦想，在十几年后都让他变成了现实。为了实现这个理想，他十几年如一日，每天早晨4点就起床看书写作，每天坚持写3000字，一年就是100多万字。凭借顽强的拼搏、刻苦的努力、坚持不懈的奋斗，林清玄终于实现了自己的理想。

无臂钢琴师

在“中国达人秀”的现场，刘伟空着袖管走了上来，坐到钢琴前，那首《梦中的婚礼》响了起来。曲子结束，全场起立鼓掌。当评委高晓松问他这一切是怎么做到的时候，刘伟说了一句：“我觉得我的人生中只有两条路，要么赶紧死，要么精彩地活着。”

命运给了刘伟一个美妙的开局，却迅速地吹响了终场哨。对于刘伟而言，10岁时的记忆，永远是那么残缺不全。1997年，10岁的刘伟因触电意外失去双臂。但是，失去双臂的刘伟没有放弃，没有绝望，刘伟相信自己仍然能做回自己。半年以后，刘伟已经能够自己用脚刷牙、吃饭、写字。两年之后，刘伟回到了自己原来的班里。到了期末考试，刘伟拿到了全班前三名的好成绩。

刘伟最大的理想就是能从事自己喜欢的职业，他曾说过：“人最开心的事情就是能从事自己喜欢的职业，所以我最终选择了音乐。”确定了自己的音乐之路后，问题是，去哪里学习音乐呢？刘伟找到了一家私立音乐学院，然而学校的校长却说：“刘伟进我们学校学音乐只会影响校容。”刘伟对此回应说：“谢谢你这么歧视我，我会让你看看我是怎么做的。”

刘伟开始用脚来学习弹琴，难以想象这需要付出多大的努力！要知道，很多正常人用手练上很多年都不一定会有起色。为了能够有收获，刘伟每天练琴时间超过7个小时。在脚趾头一次次被磨破之后，刘伟逐渐摸索出了如何用脚来和琴键相处的办法。“没有手，用脚一样能弹钢琴。”刘伟说。

“我一直为自己的梦想努力，现在演奏方面算是一般般吧，创作上正在学习，制作也学了一点儿。”此时的刘伟，仍然在自己的音乐之路上前行，只是为了让自己能更精彩地活着。

三个砌墙匠

三个工人在砌一堵墙，有个人过来问：“你们在干什么呢？”第一个人没好气地说：“没看见吗？在砌墙。”第二个人抬头笑了笑，说：“我们在盖一座高楼。”第三个人边干边哼着歌曲，他的笑容很灿烂：“我们正在建设一座新的城市。”十年后，第一个人在另一个工地砌墙；第二个人坐在办公室里绘图纸，他成了工程师；第三个人呢，是前面两个人的老板。

第一个人“没好气”地回答。他只是看到眼前，只感到自己的劳累与工作的无趣，这份工作也就没有了丝毫的乐趣。他必将年复一年、日复一日地重复着这样的工作，可以猜想到他的生活必是了无生趣的，苦闷的。

第二个人“笑”着回答。他能从手头的工作——砌一堵墙，想到了由每一块砖和每一堵墙构成的高楼。他对自己的工作有着整体的认识，而不单纯是砌墙，因而他会在工作中得到无穷的快乐。他能欣赏自己的劳动成果，从而享受其中的乐趣，无形中也提升了自己，提高了自己的价值。

第三个人“哼着小曲，笑容灿烂”地回答。他由手头的砌墙工作想到了一座美丽的城市。他一边认真地做着，一边美美地想着。他的心中有理想，于是他就会为这座“城市”不断地努力，不懈地奋斗，终于成为前两个人的老板。他将心中的理想变成了现实。

岳云鹏的逆袭之路

“小岳岳”岳云鹏现在是中国著名的相声演员，他在屏幕上总是带给大家很多的笑声。他出身贫寒，14岁就辍学打工。为了出人头地，他当过保安、厕所清洁工、后厨、餐馆服务员等，尝尽人生冷暖和酸苦。

2004年3月，岳云鹏来到了德云社。那时岳云鹏对相声一窍不通，连最基础的《报菜名》功夫活都不知道，想到这些，他也有过打退堂鼓的念头。

有一次，岳云鹏看了一些相声大师的录像后，突然领悟到：自己如果学相声，60岁后或许还能成为艺术家，而当服务员却不可能做到老。坚定信念后，他发奋图强，每天在小剧场打杂之余，专心看别人表演，练习说学逗唱等基本功。半年后，他正式开始学艺。由于文化水平低，他比别人学得更艰辛，每天要背几十遍《报菜名》《地理图》等相声贯口。为了练习普通话，他经常在冬日里站在室外拿着报纸大声念。

经过一年多的刻苦训练，岳云鹏总算能够像模像样地说几段相声了。2005年6月，他首次在茶馆剧场登台，跟别的学徒一起说了一段《杂学唱》，可由于太紧张，经验不足，他说着说着就乱了，毫无笑点，本来15分钟的作品，结果3分钟他就被观众轰下台。他郁闷不已，一下台就哭了。

在无数次的磨炼之后，岳云鹏终于能够在台上把观众逗乐了。他先后和高峰、于谦、孔云龙等剧团演员做搭档，成功演出了《武训徒》《怯大鼓》《八扇屏》《车在囧途》《黄鹤楼》等40多部脍炙人口的相声作品。

现在的岳云鹏是德云社的台柱子、郭德纲的得意弟子，还在影视圈取得了不俗的成绩。的确，岳云鹏的成功是振奋人心的。像他这样少小离家外出打拼的年轻人不计其数，但是有多少人能像他那样，历尽艰辛却永不放弃梦想？

李彦宏和百度

百度是全球最大的中文搜索引擎，2000年创立于北京中关村，2005年在纳斯达克上市。提到百度，不能不提李彦宏。

李彦宏在高中时参加全国青少年程序设计大赛，并取得了优异成绩。从那时起，他就确定了自己的理想。19岁时，李彦宏成为山西阳泉市的高考状元。在填报高考志愿时，他填报的是北京大学信息管理系，因为他考虑到将来计算机肯定应用广泛，单纯地学计算机恐怕不如把计算机和某项应用结合起来有前途。

留学读研期间，导师的一句话“搜索引擎技术是互联网一项最基本的功能，应当有未来”，打动了李彦宏的心，因为这正是他的理想。1992年的时候，互联网在美国还没开始普及，但李彦宏已经开始行动——从专攻计算机转回来，开始钻研信息检索技术，并从此认准了搜索。

1999年底，身在美国硅谷的李彦宏看到了中国互联网引擎服务的巨大发展潜力。抱着技术改变世界的梦想，他毅然辞掉硅谷的高薪工作，携搜索引擎专利技术，与徐勇一同回国，于2000年1月1日在中关村创建了百度中国公司。

怀揣理想的李彦宏，通过百度向人们提供“简单、可依赖”的信息获取方式。“百度”二字源于中国宋朝词人辛弃疾《青玉案》中的诗句：“众里寻他千百度”，象征着百度对中文信息检索技术的执着追求。

矢志空天，报效祖国

常广兴， 1984年出生于聊城冠县兰沃乡韩路村，2003年由聊城二中考入空军航空大学，大学期间被评为“优秀学员”，受到嘉奖。目前，常广兴已是空军某部一级飞行员，荣升中校军衔，和他的战友们守护着祖国的蓝天。

常广兴出生在一个普通的农民家庭，有两个妹妹、一个弟弟，父母比较开明，懂得知识改变命运的道理，并努力把四名子女都培养成了大学生。常广兴高中之前比较顽皮，没有明确的志向，学习成绩时好时坏，每次回家看到父母如此辛劳，便产生了深深的负罪感。初二下学期，他决定辍学，在家务农帮助父母。在家务农的五个月的日子里，天蒙蒙亮，他就同母亲下地给庄稼和果树除草、施肥、打药，像一辈辈的人那样周而复始地劳作。常广兴感到自己的一生不能这样度过，从小就有当警察梦的他，那年夏天做出了去学武术的决定，但是遭到了全家人的反对。经不住苦苦哀求，父母终于同意把他送到武校。但是在第二年的中考时，他看到了武校没有通往更高学府的大门，也当不了警察。

为了能继续学习，经多方努力，他以很差的成绩勉强进入高中。为了能静下心来潜心学习，他拿出一副“拼命三郎”的干劲，取消了所有户外运动，把所有时间都用在文化课学习上，每天晚上熄灯后秉烛夜读的最后一名学生肯定是他。经过不懈的努力，他的学习成绩不断攀升。功夫不负有心人，高三那一年的11月份，他遇到了部队来校招收飞行员的机会。他由于视力过关，身体条件好，在经过近千次的各种考核、检查和6月份高考之后，终于收到了空军航空大学的录取通知书，也由此树立了“矢志空天，报效祖国”人生目标。

军校入学只是他人生拼搏之路的开始。四年的飞行院校生涯实行全程淘汰制，能翱翔蓝天的只有不到四分之一。军校四年，他刻苦学习，努力提高身体素质，在经过理论学习、初教机、高教机飞行训练等不同阶段一百多门考试后，他幸运地成为一名优秀的飞行员！

机会总是留给有准备的人，奋斗的人生才幸福！人的一生在不同的阶段会有不同的小梦想和小目标，但是相同的是，不管在任何阶段，都要努力拼搏奋斗才能实现梦想和目标！

以最短的时间帮助最多人成功

陈安之是当今国际上继卡耐基、拿破仑·希尔、安东尼·罗宾之后的第四代励志成功学大师，被千万人尊称为“能改变命运的激励大师”。他12岁跟随亲戚到美国，开始了边工作边读书的生活。他曾经做过十八份工作，卖过菜刀，卖过汽车，当过餐厅服务员……可是他的存款还是为零。

直到21岁，陈安之遇到了人生中的第一位恩师——世界潜能激励大师安东尼·罗宾。

安东尼·罗宾的一句话改变了陈安之的命运：“这个世界上赚钱的行业很多，但是没有哪一个行业可以比得上帮助别人成功和帮助别人改变命运更加有价值、有意义。”这句话，使得他个人的特长和强烈的爱心有了施展的方向，从此陈安之立下了“以最短的时间帮助最多人成功”的理想。

他回到祖国，看到祖国日新月异的变化，便在心里树立了一个目标——要把在海外学到的所有成功学知识，毫无保留地告诉给中国的每一个人，希望中国由于更多人掌握了先进的成功学知识，在21世纪成为世界第一强国！

为了实现自己的人生理想，他疯狂地工作。经过多年的不断努力，他的著作、录音、课程内容等都被人疯狂地收藏、学习。其独特的魅力和智慧，也随着一本书、一张碟、一段广播、一段电视、一张海报，悄悄地在中国大地上传播，越来越多的人也因为接触到他的观点，而学习到很多东西，走上了成功之路。

成为富人的祖先

以前有一位生活贫困潦倒的人，在他很小的时候就必须去外面干活。但他有一位了不起的母亲，她经常和儿子谈起自己的理想，常常教导孩子要胸怀大志："我们很穷，但我们不能怨天尤人。我们穷，是因为你父亲从未有改变贫穷的欲望，我们不应该一辈子都这么贫穷。"母亲的话深深地植入了他的心中。他下定决心要改变自己的命运，改变家庭的贫困状况。

数年后，他接手了一家很有发展前途的公司，之后又陆续收购了7家很有名的大公司，终于迎来了人生的巅峰。这个人就是富勒。

曾经有媒体采访他，追问他成功的秘诀，他总是这样说："虽然我不能成为富人的后代，但我可以成为富人的祖先。"

没有理想的人，常会无奈地感叹："哎呀，我不行，这个事我从来没有做过""我没有机会做这件事啊""我的工作能力不行呀"……其实，许多理想在实现之前，常常会遭到质疑。在飞机发明之前，科学家认为飞行是不可能的；在麻醉药发明之前，医生们坚信无痛手术是不可能的。但是，现在这所有的不可能都已经变成了现实。

在我们没有理想之光的照耀时，我们永远是"穷人"；但是，当我们的生活有了理想之光的照耀，我们成为"富人"或许仅仅是时间问题。

狄更斯和格德山庄

狄更斯是19世纪英国最伟大的作家，一百多年来他的代表作《双城记》在全世界盛行不衰，深受广大读者的喜爱。

当狄更斯还是个小孩子的时候，他跟随父亲准备去旅行。正巧路过肯德郡的格德山庄，那里高大、宽阔，墙上爬满了枝叶，绿意盎然，就像仙境一般。小狄更斯仰起头，用羡慕的眼光仔细打量着这个诱人幻想的府邸。在小孩子的心里，这无异于一个理想的宝殿。

父亲仿佛看透了他的心思，张开宽厚的手掌抚摸着他的头，然后和蔼地告诉他，只要你努力，并且坚持不懈，总有一天，你会走进这座庄园，并拥有它。

父亲的话在不经意间刻在小狄更斯的心里。在这一刻，小狄更斯的理想就是住在这样一幢城堡一样的房子里。在接下来的时光里，他遇到了很多困难：在工厂里做童工，父亲负债入狱，一家人颠沛流离。只是，不管什么时候，他依然惦记着父亲的话和那幢绿色的格德山庄。格德山庄是他的一个梦，是他愿意为之奋斗的理想。

后来，他走上了写作的道路，终于成了享誉世界的作家。在36岁那年，他买下了格德山庄，然后在他那人生的殿堂里终老一生。

为人类谋幸福

英国广播公司1999年在国际互联网上以“谁是本千年最伟大的思想家？”为题做了一项民意调查。调查结果是，共产主义理论的创立者、德国人卡尔·马克思在众多候选人中名列榜首。

革命导师马克思从小勤奋好学，早在中学时代就树立了自己的伟大理想：为人类谋幸福。1835年，17岁的马克思在中学毕业论文《青年选择职业的考虑》中有这样两段论述：“对于那些思想高尚、致力于为全人类服务的人们，历史称之为最伟大的人物；对于曾使大多数人幸福的人，经验颂之为最幸福的人。”“如果我们选择了最能为人类服务的职业，我们就不会为任何沉重负担所压倒，因为这是为全人类做出的牺牲；那时我们得到的将不是可怜的、有限的和自私自利的欢乐。我们的幸福将属于亿万人，我们的事业虽然并不显赫一时，但将永远发挥作用。当我们离开人世之后，高尚的人们将在我们的骨灰上洒下热泪。”

马克思为人类谋幸福的理想，促使他勤奋钻研和提升自己。他研究自然、法学、历史、哲学和艺术理论；他接触欧洲社会，积极投身实践，不断地发现并升华理论。为人类谋幸福的理想，使他不怕流亡生活，不怕贫困交加，不怕几乎所有的报刊对他关上大门，不怕形形色色的人对他攻击诽谤。他没有任何惧怕，也没有任何一个私敌，他只是为了高尚的理想不懈地去奋斗，从不改变自己为人类谋幸福的初心。

我要活得精彩

尼克·胡哲出生在澳大利亚墨尔本的一个普通家庭，出生时就没有四肢，只有一只长着两根脚趾的小脚。尽管受到了上苍的愚弄，但他用自己独特的方式彰显了自己生命的意义。他的理想是成为一名演说家，用自己的经历去激励每一个人。他确实做到了，各大网站上关于他演说的视频点击量都很高。但是成功的背后，他的成长却异常艰辛。

在尼克10岁那年，他曾三次试图把自己溺死在浴缸里，但是都没能成功。在这以后，他开始不停地问自己："为什么活着？活着就只是为了等待死亡吗？我的生命难道不应该有一个目标吗？我的理想是什么？"

在不断的自问中，尼克终于对生活有了自己的想法：我要活着，并且要活得精彩！尼克想用自己的亲身经历去影响更多的人。在他17岁开始第一次充满激情的演讲后，他就将成为一名演说家作为自己的理想。其实，在尼克立志要成为演说家的时候，他的父母是极力反对的。他也尝试着推销自己的演讲，但是都被拒绝了。当他被拒绝了52次之后，他获得了一次演讲的机会，尽管演讲时间只有5分钟，酬劳只有50美元。但是，这意味着他的演讲生涯已经拉开了帷幕。在尼克的每一次演讲中，他都会告诉别人自己是怎样克服困难完成一个又一个人生目标，怎样用积极的心态去实现自己的理想、迎接精彩的生活。他希望通过讲述自己的故事，能够鼓励每一个失意的人去勇敢地面对生活。

永不磨灭的“V”

第二次世界大战末期的法国沦陷区，德国军官把一位被打得皮开肉绽的美国士兵推出来示众。士兵炯炯的目光掠过悲愤而又无奈的人们，他慢慢地举起凝着血痂的手，用中指和食指比画出一个“V”——胜利的标志，人群顿时轰动起来。

这时，德国军官震怒了，他命令手下砍去美国士兵的手，美国士兵痛得昏死过去。然而，当他清醒过来后，他又艰难地站了起来，鄙视地看了看那军官，然后脸上带着微笑，面对着人群，突然他伸出两只已无手掌的血臂组成一个大大的“V”向蓝天伸去。这时，全场一瞬间变得死一般沉寂，一会儿又像海洋一般翻腾。

德国军官刹那间明白了他半生都未弄懂的道理——即使他能砍去士兵所有的手臂，也无法砍去这个字母所代表的信念。战胜法西斯，是全世界爱好和平的人们的共同信念。

汤姆·克鲁斯壮志凌云

从青春偶像到成熟的影坛巨人，汤姆·克鲁斯凭借的不仅仅是人见人爱的英俊外表和迷人的微笑，更多的是拥有为实现理想而努力奋斗的意志和百折不挠的作风。

高中时代，汤姆·克鲁斯的理想是做一名职业摔跤运动员，但一次意外的膝伤打碎了他的理想。最终，他选择了演员这一职业，并且给自己设定了一个期限：十年之内成为一名有所作为的演员。从此，他走上了为实现理想而奋斗的泪与汗交织的路。

他辍学去了纽约，寻找着每一个试镜的机会，但每一次的试镜都以失败告终。就在这时，他遇到了伯乐。在经纪人保拉·瓦格纳的推荐下，他终于在《无尽的爱》中获得了一个一闪即逝的小角色。这时，汤姆·克鲁斯鼓励自己：我离自己的理想又近了一步。

果然，1986年他得到了出演《壮志凌云》的机会并一炮打响，汤姆·克鲁斯立刻成为千百万美国青年心目中的银幕偶像。此后，他又拍摄了一系列优秀影片，如《雨人》《生逢七月四日》《碟中谍》《甜心先生》《木兰花》……

汤姆·克鲁斯不同于其他演员，他并没有演员的天赋，他的成功全靠自己对理想的执着追求，靠着他不断的学习与苦练。早年锻炼出来的吃苦精神对他帮助极大，终于，他凭着自己对理想的坚韧不拔精神，一步步走向成功与辉煌。

理想对人生的影响

有一年，一群意气风发的天之骄子从美国哈佛大学毕业了，他们的智力、学历、环境条件都相差无几。

临出校门，哈佛对他们进行了一次关于人生理想的调查。结果是这样的：

27%的人，没有理想；

60%的人，理想不明确；

10%的人，有清晰但比较短期的目标；

3%的人，有清晰而长远的目标，也就是理想明确。

25年后，哈佛再次对这群学生进行了跟踪调查。结果是这样的：

那3%的人，25年间他们朝着一个方向不懈努力，几乎都成为社会各界的成功之士，其中不乏行业领袖、社会精英；

那10%的人，他们的短期目标不断实现，他们成为各个领域中的专业人士，大都生活在社会的中上层；

那60%的人，他们安稳地生活与工作，但都没有什么特别的成绩，几乎都生活在社会的中下层；

那剩下的27%的人，他们的生活没有目标，过得很不如意，并且常常埋怨他人、抱怨社会，抱怨这个“不肯给他们机会”的世界。

由此可见，拥有理想信念的人，更能用行动去掌握自己的人生，并逐步获得成功。

贫民窟走出的州长

罗杰·罗尔斯出生在声名狼藉的贫民窟。在这儿出生的孩子，长大后很少有人获得较体面的职业。然而，罗杰·罗尔斯是个例外，他不仅考入了大学，而且成了州长。

在就职后的记者招待会上，罗杰·罗尔斯对自己的奋斗史只字未提，他仅说了一个非常陌生的名字——皮尔·保罗。

后来人们才知道，皮尔·保罗是他小学的一位校长。1961年，皮尔·保罗走进诺必塔小学的时候，发现这儿的穷孩子旷课、斗殴，甚至砸烂教室的黑板。皮尔·保罗想了很多办法来引导他们，可是没有一个是奏效的。后来，他发现这些孩子都很迷信，于是在他上课的时候就多了一项内容——给学生看手相。他用这个办法来鼓励学生。

当罗尔斯从窗台上跳下，伸出小手走向讲台时，皮尔·保罗说："我看你修长的小拇指就知道，将来你是纽约州的州长。"罗尔斯大吃一惊，因为长这么大，除了奶奶说他可以成为五吨重的小船的船长，没有人让他如此振奋过。这一次，皮尔·保罗先生竟说他可以成为纽约州的州长，着实出乎他的意料。他记下了这句话，并且相信了它。

从那天起，纽约州州长就像一面旗帜。他的衣服不再沾满泥土，说话也不再夹杂污言秽语，开始挺直腰杆走路，开始礼貌地对人说话，开始不再打架。在以后的40年间，他没有一天不按州长的身份要求自己。51岁那年，他真的成了州长。

在他的就职演说中，有这么一段话："信念值多少钱？信念是不值钱的，它有时甚至是一个善意的欺骗，然而你一旦坚持下去，它就会迅速升值。在这个世界上，信念这种东西任何人都可以免费获得。所有成功者最初都是从一个小小的信念开始的。信念是所有奇迹的萌发点。"

"球王"贝利的足球之路

每一次触球，每一记传球，每一回盘球，贝利总能为球迷带来一些前所未有的镜头。凭借对射门良机把握的敏锐本能、洞察绝妙传球的犀利目光和传奇般的盘球技艺，贝利成为最优秀的足球运动员。

1940年，贝利出生于巴西的一个贫寒家庭，父亲也是一名球员，但并未获得成功，而且收入低廉。母亲不希望贝利重走父亲的路。但贝利从小爱好足球，在父亲的影响之下，踢球的梦想在少年贝利的心里疯长，他的球技也远胜于其他的孩子。

1955年，仅仅15岁就练就了一身硬功夫的他，开始效力于著名的桑托斯队，并立下了"为足球而生存"的理想；1957年，他入选了国家队，并在1958年巴西队首次获得冠军的世界杯赛上崭露头角；1970年，他在世界杯比赛中大放异彩，为巴西队第三次捧杯立下了汗马功劳。贝利球艺精湛，在足球生

涯中参加的正式比赛里共踢进1000多个球，被誉为“世界球王”。

1977年贝利退出足坛，但他“为足球而生存”的理想信念丝毫未减，他又投入了培养新人和促进五大洲足球发展的事业，还曾来中国献技。

贝利为足球事业做出了巨大贡献，并为理想而奋斗终生。

最美味的汤

有一个装扮成魔术师的人来到一个村庄，他极力向村里人推销说：“我有一颗汤石，如果将它放入烧开的水中，会立刻变出美味的汤来。”村里没人相信他的话。

他说：“如果大家不相信的话，我现在就煮给大家喝。”这时，有人就找了一口大锅，又有人提了一桶水，并且架上炉子和木材，就在广场煮了起来。

这个魔术师很小心地把汤石放入滚烫的锅中，然后用汤匙尝了一口，很兴奋地说：“太美味了，如果再加入一点洋葱就更好了。”立刻有人冲回家拿了一堆洋葱。魔术师又尝了一口：“太棒了，如果再放些肉片就更香了。”一个妇人快速回家端了一盘肉来。

“再有一些蔬菜就完美无缺了。”魔术师又建议道。

哪有什么汤石啊，那不过是魔术师在路边随手捡到的一颗石头。其实只要我们愿意，每个人都可以煮出一锅如此美味的汤。当每个人都愿意贡献自己的一份力量时，就会众志成城。汤石就在每个人的心中。

信念是一壶沙

有一年，一支英国探险队进入撒哈拉沙漠的某个地区，在茫茫的沙海里跋涉。阳光下，漫天飞舞的风沙像炒红的铁砂一般，扑打着探险队员的面孔。口渴似炙，心急如焚，但大家的水壶都已见底，队员们对活着走出沙漠早已不抱任何希望。这时，探险队长拿出一只水壶，说："这里还有一壶水，但在穿越沙漠前，谁也不能喝。"

一壶水，成了穿越沙漠的信念之源，成了求生的寄托目标。水壶在队员手中传递，那沉甸甸的感觉使队员们濒临绝望的脸上又露出了坚定的神色。终于，探险队顽强地走出了沙漠，挣脱了死神之手。大家喜极而泣，用颤抖的手拧开那壶支撑他们的精神之水，没想到缓缓流出来的，却是一壶沙子。

炎炎烈日下，茫茫沙漠中，真正救了他们的哪里是那一壶沙子，而是队长给予他们的求生的信念，这信念如同一粒种子，在他们心底生根发芽，最终领着他们走出了绝境。

事实上，人生从来没有真正的绝境。无论遭受多少艰辛，无论经历多少苦难，只要一个人的心中还怀着一粒信念的种子，那么总有一天，他就能走出困境，让生命重新开花结果。人生就是这样，只要信念在，希望就在。

鹏程万里

从前，有一只鸟，叫“鹏”，它飞行的高度并不高，最多也只能从地上飞到树梢，和麻雀飞得一样。但它和麻雀的理想却大不一样，它想看到外面更辽阔的天空。

于是大鹏不断练习，不管风吹雨打，它始终相信自己能够成功地飞向蓝天。

懒惰的麻雀劝大鹏别练了，差不多就行了。大鹏却说：“如果只能飞到树梢上，就永远不能看到外面精彩的世界，不经历风雨，怎么能见到彩虹？只有飞高飞远才能见多识广。”

就这样，大鹏经过无数次的练习，终于成功飞向了高空，一飞就是整整九万里，而麻雀只能在树梢上徘徊，看着大鹏远去的身影，而自己永远见不到外面精彩的世界。

俗话说：“石看纹理山看脉，人看志气树看材。”一个人如果没有志气，就不会奋发向上，也成不了一个有成就的人。立志是成功的起点，一个人只有具备明确的目标和远大的理想，才会朝气蓬勃，才能勇往直前。

志有高下之分。不同的人有不同的志向，就像登山一样，有的人发誓要登上最高的山，有的人却只想攀上丘陵。登高山固然辛苦，但只要坚持理想，必能如愿。那种“一览众山小”的境界，岂是登丘陵的人所能感悟和企及的？

团队篇

万夫一力，天下无敌。

——[明]刘基

单丝不成线，独木不成林。小溪只能泛起小小的浪花，大海才能迸发出惊涛骇浪。个人之于团队，正如小溪之于大海。融入团队，每一个成员都会感受到向上的力量和精神的引领；离开团队，就会失去依靠，失去航向。一个人想要成就一番事业，必须融入团队之中。同学们正处青春年华，希望你们能够在团队之中感受团结、感受合作、感受奉献，在团队之中成就团队、成就他人、成就自己。

团结成就功业

东汉末年，天下大乱，曹操以汉天子的名义征讨四方，对内消灭二袁、吕布、刘表、韩遂等割据势力，对外降服南匈奴、乌桓、鲜卑等部，统一了中国北方。这一切成就的取得，都离不开曹魏的文臣武将的团队。

在乱世争雄的年代，曹操从一开始就认识到：仅凭匹夫之勇，是不可能逐鹿中原的。因此在刚刚有点儿气候的时候，他就大力招揽人才，这使得曹操团队一下子就奠定最大最强的规模的基调，甚至蜀、吴联手也无可奈何。他的团队中有自己曹氏宗族和夏侯氏宗族的兄弟，也有不断加入的文臣武将。但他从不会在分派工作、安排任务、赏罚功过时偏袒自己的兄弟，有时甚至会更加倾向于异姓之人，而让自己的宗族兄弟受点委屈。当时各地投奔到曹操门下的人很多，好多文臣武将都是从敌人那边投靠过来的，一时间形成猛将如云、谋臣如雨的盛况，傲视群雄。整个团队紧密团结在曹操周围，南征北

伐，功勋赫赫，初步奠定了曹魏立国的基础。

相反，团队成员不团结，就做不了大事。袁绍、袁术是同父异母的兄弟，袁绍占据冀、青、幽、并四州，一度成为当时最大的政治军事集团；而袁术占领南阳后户口数百万，后又占淮南，地广粮多。这对弟兄实力强大，更兼祖上四世三公、门多故吏，若能团结一致，势力相较于后来的魏、蜀、吴也不遑多让，甚至可把三国鼎立变成四国。可是袁氏弟兄不团结，连团队核心都分崩离析，之后一一败在曹操手下也就不足为奇了。

任何一个团队，如果成员不团结，这个团队一定不稳固，也一定没有成就可言，由此可见团结的重要。

折不断的箭

从前，吐谷浑国的国王阿豺有20个儿子。他们个个都很有本领，却都自恃本领高强，不把别人放在眼里，常常明争暗斗，见面就互相讥讽，在背后也总爱说对方的坏话。

阿豺见到儿子们这种互不相容的情况，很是担心。他明白敌人很容易利用这种不睦的局面来各个击破，那样一来国家的安危就悬于一线了。阿豺常常苦口婆心地教导儿子们停止互相攻击、倾轧，要相互团结友爱。可是儿子们对父亲的话并没放在心上，依然我行我素。

阿豺一天天老了，他明白自己在位的日子不会很久了。有一天，久病在床的阿豺预感到死神就要降临了，他也终于有了主意。他把儿子们召集到病榻跟前，吩咐他们说："你们每个人都放一支箭在地上。"儿子们不知何故，但还是照办了。阿豺又叫过自己的弟弟慕利延说："你随便拾一支箭折断它。"慕利延顺手捡起身边的一支箭，稍一用力，箭就断了。阿豺又说："现在你把剩下的19支箭全都拾起来，把它们捆在一起，再试着折断。"慕利延抓住箭捆，使出了吃奶的力气，咬牙弯腰，脖子上青筋突起，折腾得满头大汗，始终也没能将箭捆折断。

阿豺缓缓地转向儿子们，语重心长地开口说道："你们也都看得很明白了，一支箭，轻轻一折就断了，可是合在一起的时候，就怎么也折不断。你们兄弟也是如此，如果互相斗气，单独行动，很容易遭到失败。只有你们联合起来，齐心协力，才会产生无比巨大的力量，可以战胜一切，保卫国家的安全。这就是团结的力量啊！"

儿子们终于领悟了父亲的良苦用心，想起自己以往的行为，都悔恨地流着泪说："父亲，我们明白了，您就放心吧！"阿豺见儿子们真的懂了，欣慰地点了下头，闭上眼睛，安然去世。

团结就是力量，只有团结起来，才会产生巨大的力量和智慧，去克服一切困难。

青蒿素的发现

几千年来，疟疾一直威胁着人类的生命。20世纪50年代，国际消灭疟疾的努力最终失败。由于抗药性的出现，疟疾在60年代重新开始肆虐。1967年，中国政府启动全国范围的"523项目"，抗击疟疾。屠呦呦所在的研究所很快参与到这一工作中，她本人被任命领导疟疾研究团队工作。这个年轻的团队开始从中草药中提纯可能具有抗疟效应的成分。

他们从2000种中草药中，确定了640种可能具有抗疟效应的成分，又从200种中药中提取了380余种成分用于老鼠模型测试其抗疟效果。他们一次次地实验，又一次次地失败，但是整个团队并没有气馁。研究的转折点出现在青蒿身上，其提取物显示有一定程度的抗疟性。然而，实验结果很难重复，而且似乎与文献记录相悖。为了寻求答案，他们查找了大量的文献，终于在葛洪所著的《肘后备急方》中找到了灵感。终于，在1971年10月4日，他们成功得到了中性无毒的提取物，对感染的老鼠和猴子100%有效！这是青蒿素发现的突破口。

为了帮助疟疾病人，屠呦呦和团队的同事勇敢地做志愿者，第一个尝试青蒿提取物，确认其对人安全无毒之后，开始对疟疾病人进行临床治疗，结果振奋人心：病人症状迅速消失！

1972年，他们终于提纯了抗疟的有效成分，并将其命名为青蒿素。青蒿素问世以来，挽救了饱受疟疾之苦的数百万人的生命。屠呦呦先生因青蒿素及其抗疟疗效的发现，荣获2015年诺贝尔生理学或医学奖。

发表获奖感言时，屠呦呦动情地说：“由衷感谢当年从事“523”抗疟研究的中医科学院团队全体成员……没有大家无私合作的团队精神，我们不可能在短期内将青蒿素奉献给世界。”

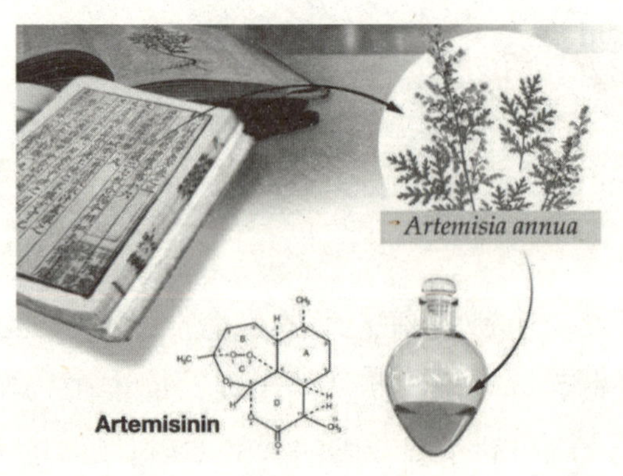

重夺冠军的中国女排

2004年雅典奥运会上，中国女排在冠军争夺赛中那场惊心动魄的胜利，恰恰证明了团队精神的重要作用。

8月11日，意大利排协技术专家卡尔罗·里西先生在观看中国女排训练后认为，中国队在奥运会上的成败很大程度上取决于赵蕊蕊。可是在奥运会开始后的第一次比赛中，中国女排第一主力、身高1.97米的赵蕊蕊因腿伤复发，无法上场了。媒体惊呼：中国女排的网上“长城”坍塌。中国女排只好一场场去拼，在小组赛中，她们输给了古巴队，前景

并不乐观。

然而，她们发扬团队精神，三军用命，终于站在了决赛的舞台上。在最终与俄罗斯争夺冠军的决赛中，身高仅1.82米的张越红一记重扣穿越2.02米的对手的头顶，砸在地板上，宣告这场历时2小时零19分钟、出现过50次平局的巅峰对决的结束。经过了漫长而艰辛的20年，中国女排再次摘得奥运会金牌。

中国女排夺冠后，主教练陈忠和放声痛哭。话说“男儿有泪不轻弹”，个中艰辛，只有陈忠和和女排姑娘们最清楚。

那么，中国女排凭什么战胜了那些世界强队？凭什么反败为胜，战胜了实力强大的俄罗斯队？陈忠和赛后说：“我们没有绝对的实力去战胜对手，只能靠团队精神，靠拼搏精神去赢得胜利。用两个字来概括队员们能够反败为胜的原因，那就是‘忘我’。”

团队精神造就了重夺冠军的中国女排！

阿里巴巴成功的秘诀

阿里巴巴现在已经成为电商巨头，这是谁都无法否认的事实。阿里的崛起不仅使马云一跃成为超级富商，而且很多追随马云创业的阿里巴巴团队的普通员工也同样在一夜之间跻身富豪之列。

事实上，马云在任何时候都不是仅仅想到自己，他的心中装着很多人。就像2014年在纽约上市时选择敲钟人一样，马云并没有亲自敲钟，而是把这样的机会留给了公司的基层员工。和其他公司选择创始人或者创业团队、家人来敲钟不同，马云选择的敲钟人是阿里生态系统里的八位角色，包括曾经是世界冠军的淘宝店主、云客服“90后”大学生、农民店主、以电商带动青川震后恢复的海归创业者、拥有淘宝博物馆的十年用户、边送快递边为贫困地区收集旧衣服的快递员、通过天猫将车厘子卖到中国的美国农场主。因为在马云看来，他们也是阿里巴巴团队不可或缺的代表。

也许就是这样的情怀，成就了马云，也成就了阿里巴巴团队。2014年9月上市时阿里巴巴的开盘价为92.7美元，相较68美元的发行价上涨了36%，市值达到了2314亿美元，富可匹敌一百多个国家的GDP。阿里巴巴成为全球第四大高科技公司和全球第二大互联网公司，顺利超越甲骨文、英特尔、亚马逊等一系列传奇的高科技巨头。

与众不同的郁金香

在荷兰的阿姆斯特丹，几乎家家户户都会种植郁金香。

有一个叫汤姆的人，他在自家的院子里种满了郁金香。一次偶然的机会，一个过路人带来了一种特殊的种子，告诉汤姆说：“这个品种的郁金香开花之后会异常艳丽，异常透明馨香，你买下，种出来的郁金香一定能卖个好价钱。”

汤姆小心翼翼地种下了种子。时间过得很快，汤姆一直仔细地守护着他的院子，期待开花时候的到来。有邻居过来问道：“汤姆，你那高级的种子，能不能分给大家一点儿呀？”而他的回答总是：“不。”

终于开花了，可是令人惊讶的是，汤姆家院子里的高级郁金香并没有过路人描述的那样好，甚至开出来的花都比不上邻居院子里的。结果，邻居们的郁金香卖得都很好。汤姆非常愤怒，他想，肯定是那个过路人欺骗了自己。

第二年，当那个过路人又来到汤姆的门前，汤姆说的第一句话就是："你这个骗子！"过路人问汤姆是怎么种植的，于是汤姆就把他如何精心呵护那郁金香的经过讲了一遍。当讲到邻居们要种子，汤姆怎么也不给的时候，那人打断了他："呵呵，我不是骗子，我没有骗你。只有你自己种了这种郁金香，而别家的院子里都是普通的郁金香。当微风一吹，普通的郁金香的花粉就飘到了你的院子里，那你的郁金香也不可能像我说的开得那样好了。只有大家都种这种特殊的郁金香，那么，当花粉一传播，才会开出艳丽的花朵。"

只有把自己融入团队，才会收获最美的花朵。

携手捧起诺贝尔奖

克里克和沃森的第一次相遇，是在英国剑桥大学的卡文迪什实验室。当时，克里克35岁，是学物理的；沃森只有23岁，是搞遗传学的。虽然是初次交谈，但他们对DNA的认识却是惊人的相同，他们都感到自己终于找到了最理想的合作伙伴。在分析了当时世界各国科学家的研究情况之后，他们感到解开DNA结构之谜已经指日可待了。因此必须加紧工作，争取能够抢先一步。他们具有敏锐的思维、坚忍不拔的意志，并且都善于从新的角度上认识问题。更重要的是，两位年轻人的合作实现了生物学和物理学的完美结合，而这正是研究DNA结构的一个很重要的条件。按照克里克自己的话说，他们“在工作时，并非沃森专营生物学部分，我分担物理学部分，而是两人一起工作，并且经常互相批评。这样，就使我们与其他也在致力于这一研究的人相比，占了很大的优势”。

克里克和沃森这两个直言不讳、锋芒毕露的年轻人，在不同思路的交流与碰撞中迸发出的智慧火花，照亮了他们前进的道路，减少了在混沌中徘徊与摸索的曲折过程。正是两人的合作和智慧共享，使他们在对DNA的认识上高于别人，得以在DNA结构的探索中捷足先登。1953年2月28日，他们终于将想象中的美丽无比的DNA双螺旋结构搭建成功了。4月25日，他们在英国《自然》杂志发表了论文——《脱氧核糖核酸的结构》，公布了他们的研究成果。

这篇论文虽然只有短短的一页，却震惊了全世界的生物学界。1962年，沃森和克里克一起获得诺贝尔生理学或医学奖。

沃森和克里克的完美合作是他们能够取得成功最主要的原因。正如威尔金斯教授所言：“即使你不是天才，但如果你拥有优秀的合作者，那么你就有可能获得诺贝尔奖。”

科学合作结硕果

1938年，弗洛里和钱恩对弗莱明发现的青霉素进行了系统研究。这两位科学家邀集了一大批热心的合作者，从1939年开始工作。细菌学家加得纳和生物学家山德士负责青霉素的培养，他们把菌种接种到玻璃瓶的培养液里，并进行过滤；化学家钱恩负责从滤液中进行提取；细菌学家西德雷负责研究一种测定青霉素含量的简便方法。

一年以后，他们终于获得了最初的青霉素制品，但是培养液中的青霉素含量很低，要处理几千千克的滤液才能得到一点点青霉素。1941年，他们开始做青霉素临床实验。有一个严重感染的病人，弗洛里决定把青霉素溶液注射进病人的静脉中。没过多久，病情迅速好转。然而，就在这关键时刻，青霉素用完了，病人的病情重新恶化，最终导致死亡。弗洛里在以后的几个月储备了足够多的青霉素，为18个病人进行治疗，所有病人都恢复了健康。下一步面临的工作是如何大规模地生产这种救命药。弗洛里得到了当时美国科学研究和发展署研究委员会主席理查德的帮助，并引起了美国政府的重视，一大批新的合作者参加了实验生产。为了找到产量高的菌种，他们从垃圾和发霉的食物中分离出好几百号霉菌标本，逐一加以比较，又让飞行员从各大洲带回泥土，供筛选菌种使用。后来，他们在垃圾箱里的西瓜皮上找到了优良的生产菌种。

工厂生产的青霉素，首先被用来治疗前线的伤员。弗洛里亲自赴北非和苏联战场考察，取得了第一手实证资料。青霉素在第二次世界大战中，拯救了数以万计的伤员和病人。1945年，诺贝尔评委会在授予弗莱明、弗洛里和钱恩诺贝尔奖的贺词中，把青霉素的发明称为“现代医学上最有价值的贡献”，并强调指出，这是“为了共同目标而协作成功的杰出范例”。

乔丹的分享

著名的篮球运动员迈克尔·乔丹职业生涯中曾5次荣获NBA“最有价值球员”称号，10次入选NBA“最佳阵容”，并被评为“NBA历史上最伟大的50名球员”之一，率领芝加哥公牛队夺得6次NBA总决赛冠军。

在结束自己的篮球生涯时，他说：“在别人眼里，我站在篮球世界的顶端，每当听到这样的赞美，我感到惶恐。我所取得的任何成绩都是和队友以及教练一起努力的结果，还有赞助商和每一个支持鼓励我们的球迷给了我们力量，荣誉属于每一个人，我只是幸运地作为代表一次一次地领取奖杯。”

每一场比赛中，乔丹都和他的队友一起去争取胜利，取胜之后他总是和队友、教练拥抱，和大家一起分享胜利的喜悦，正是乔丹这种与队友一起分享成功的精神，一大批NBA球星才甘为配角，紧紧地团结在乔丹的周围，为公牛队取得一个又一个的冠军。

“独乐乐不如众乐乐”。在团队中，懂得分享的人大方地将自己的成果分给别人，让大伙儿也跟着他一同品尝成功的美味。得到他无私馈赠的人，通常也会投桃报李。这样，团队的凝聚力、向心力又会大大增强。

幽默是团队的润滑剂

最近一段时间内由于订单很多，科特公司的工人经常被命令加班加点完成工作进度，导致许多工人都产生了不满的情绪，干起活来也不像之前那么认真了。但是产品质量不合格，公司的信誉受损不说，还会面临巨额赔偿的风险。

公司的销售经理一大早就遇到了一件让他十分郁闷的事。公司最大的客户由于不满近期公司产品的质量，想要马上终止与公司的合作关系，另去寻找新的合作伙伴。销售经理向总经理汇报这一情况后，总经理吩咐他务必稳住这个客户，而有关质量方面的问题，他会亲自过问，保证产品质量。

傍晚时分，总经理赶到生产车间门口时，外面正巧下起了大雨。他看到车间的工人们正在冒雨卸货，立刻打开车门冲了上去和工人们一起冒雨工作。等到卸完货后，看到大家浑身都被雨水淋湿了，总经理抹了一把脸，笑着对工人说："今天晚上吃饭的时候，我们一定要加道菜。"没等现场的工人反应过来，总经理就接着说："加一道清蒸'落汤鸡'，味道肯定不错。"工人们都会心地笑了起来，饥饿和疲劳顿时一扫而光。趁大家心情不错，总经理在鼓励大家的同时，紧跟着又强调了产品质量的重要性，并承诺马上增加工人的加班费。

听完总经理的话，工人们的抵触情绪消失了，产品的质量又提了上去。原来要失去的大客户，又愿意留下来继续合作了。在总经理的努力下，公司安全渡过了难关。

幽默是一种润滑剂，能拉近团队成员之间的关系，消除团队存在的消极情绪，调动团队整体积极性，实现团队利益最大化。

被班长指挥的总司令

在南美独立战争期间，有一个冬天，在一座兵营的工地上，一位班长正在指挥手下的几个士兵安装一根大梁："快加油啊，亲爱的孩子们！大梁已经在移动了。加把劲，加把劲，加油加油！"一个衣着非常朴素的军官正好路过这里，见状问班长为何自己不动手。"哦，这位先生，因为我是班长。"班长非常骄傲地回答。"原来你是班长。"军官说了一句，随后下马和士兵们一起开始干活。

等到大梁安好之后，这个军官对班长说："尊敬的班长先生，如果说你还有什么同样的任务，并且还需要有更多的人手来帮忙干活儿的话，你就尽管吩咐你们的总司令好了，他还会再来帮你的士兵的。"

班长一下子愣住了。原来这位军官正是南美大陆的解放者、著名统帅玻利瓦尔将军。

在一个团队里，管理者的角色尤为重要。假如一个团队的管理者，能够让团队的每一名队员从内心里赞赏他的品格，那么他就能够轻轻松松地指挥团队的任何一个人。要想达到这种境界，团队的管理者就一定要学会塑造自我品格，懂得运用人性化的管理方式。在这方面，玻利瓦尔将军就为我们做出了很好的典范。

让对手发家致富

日商A君在日本东京经营中国菜，生意很红火。不久，三个中国留学生也在对面开了家中国餐馆。开始只是一个小门店，因为他们是中国人，自然中国菜做得正宗，把这位日本客商的生意抢走了不少。

餐馆经理很着急，与A君商量用什么办法和对面餐馆竞争。谁知A君却让他每日去对面买一份留学生们做的中国菜，认真研究。一个月后全部买齐了，然后在报纸上刊登广告，大举推出这些菜，每款价格均比对面贵出三倍。经理十分不解，认为这是在为竞争对手做广告。A君却颇有把握地说，我就是要对面的餐馆迅速发家致富。

果不其然，一年以后对面三个留学生开的餐馆发了，从一间小门店发展到买下了整个二层楼，每个留学生出门也是小轿车，再不亲临“前线”，最后发展到经常为分钱而争吵。

A君看准了这一时机，突然大规模推出与对面同样的中国菜，并且价格比中国留学生餐馆的菜还要便宜三分之一，不到半年的时间，便一举击败了竞争对手，并收购了该餐馆。

餐馆经理并不明白对面餐厅为何最终落魄，A君对此解释说：“三个中国留学生创业时很艰辛，懂得抱团，如果当时与他们竞争，虽然使他们感到压力更大，但是他们的竞争策略会更多，我打不起‘持久战’，必败无疑。让他们迅速致富，感觉不到竞争压力，也就不抱团了，分裂是自然的。这时发起攻击，必然获胜。”

博士过河

有一个博士生分到一家研究所工作，成为了所里学历最高的一个人。有一天他去单位后面的小池塘去钓鱼，正好正、副所长在他的一左一右，也在钓鱼。

他只是微微点了点头，心想和这两个本科生，有啥好聊的呢？

不一会儿，正所长放下钓竿，伸伸懒腰，“蹭蹭蹭”从水面上如飞地走到对面去上厕所。

博士眼睛睁得都快掉下来了：水上漂？不会吧？这可是一个池塘啊！

正所长上完厕所回来的时候，同样也是“蹭蹭蹭”地从水上漂回来了。

怎么回事？博士生又不好去问，自己可是博士生呀！

过了一阵，副所长也站起来，走几步，“蹭蹭蹭”地漂过水面上厕所。这下子博士更是差点昏倒：不会吧，到了一个江湖高手云集的地方？

博士生也内急了。但这个池塘两边有围墙，要到对面厕所非得绕十分钟的路，而回单位上又太远，怎么办？

博士生也不愿意去问两位所长，憋了半天后，也起身往水里跨：我就不信本科生能过的水面，我博士生不能过！只听“咚”的一声，博士生栽到了水里。

两位所长将他拉了上来，问他为什么要下水，他问：“为什么你们可以走过去呢？”

两所长相视一笑：“这池塘里有两排木桩子，由于这两天下雨涨水正好在水面下，但我们都知道这木桩的位置，所以可以踩着桩子过去。你怎么不问一声呢？”博士生听到后感到很惭愧。

进入一个团队，就要虚怀若谷地向队友学习，取长补短，才会让团队更有战斗力。

黑蚂蚁的献身

在巴西的甘蔗田里，生存着两种蚂蚁：一种是体型比较小的黑蚂蚁，另一种则是体形剽悍、生性凶残的行军蚁。

黑蚂蚁生性温和，以植物和腐食为生，而行军蚁则任何可以吃的东西都不放过，在饿极了没有食物时，它们甚至会吃掉身边的同伴。行军蚁最喜欢的美餐是黑蚂蚁，所以，一旦它们与黑蚂蚁相遇，就意味着黑蚂蚁在劫难逃。按照这个弱肉强食的逻辑，其结局必然是黑蚂蚁不断被吃掉，数量会越来越少，但事实却恰恰相反。

为什么会这样呢？原来，在每天傍晚的时候，浩浩荡荡的黑蚁大军都会准时返回到巢穴，但每次都有二十多只没能进入洞穴。其实它们是有机会进去的，但它们却守在洞口，看着已经进入巢穴的同伴从里面忙碌地封闭着洞口，然后它们开始到附近搬来沙粒，刻意地掩蔽着洞口外部，直到洞口和周围的环境完全融为一体。就在这时，上千只游猎的行军蚁出现了。它们朝眼前的二十几只黑蚁猛扑过去，一会儿的工夫，黑蚁便被全部吃光了。意犹未尽的行军蚁又四处寻找猎物，但却始终没有发现黑蚁的巢穴入口。最后，它们开始上演同类相残的惨剧，大约有三分之一的行军蚁被吃掉了。

黑蚂蚁是非常脆弱的，却能在行军蚁出没的地带一直生存繁衍下来，并且数量越来越多。而那些行军蚁虽然强大，但相残同类的习性使它们越来越少，趋于灭绝的边缘。

如果人人都能有勇气去为集体的利益而牺牲，换来的就会是这个集体的繁荣与强大。如果人人都为了个人利益而相互争斗，那么这个集体的灭亡之期就不会遥远了。皮之不存，毛将焉附？集体垮掉了，其中的个体也不会存在了。

螃蟹和蚂蚁

生活在海边的人常常会看到这样一种有趣的现象：几只螃蟹从海里游到岸边，其中一只也许是想到岸上体验一下海洋以外世界的生活滋味，只见它努力地往堤岸上爬，可无论它怎样执着、坚毅，却始终爬不到岸上去。这倒不是因为这只螃蟹不会选择路线，也不是因为它动作笨拙，而是它的同伴们不容许它爬上去。你看每当那只企图爬离水面的螃蟹就要爬上堤岸的时候，别的螃蟹就会争相拖住它的后腿，把它重新拖回到海里。人们也偶尔会看到一些爬上岸的海螃蟹，但不用说，它们的成功肯定是侥幸得来的。

.在南美洲的草原上，有一种动物却演绎出迥然不同的故事。酷热的天气，山坡上的草丛突然起火，无数蚂蚁被熊熊大火逼得节节后退，火的包围圈越来越小，渐渐地蚂蚁似乎无路可走。然而，就在这时出人意料的事发生了：蚂蚁们迅速聚拢起来，紧紧地抱成一团，很快就滚成一个黑乎乎的大蚁球，蚁球滚动着冲向火海。尽管蚁球很快就被烧成了火球，在噼噼啪啪的响声中，一些居于火球外围的蚂蚁被烧死了，但更多的蚂蚁却绝处逢生。

在一个团队里，如果互相排挤，互相拆台，本来容易的事也会变成天大的难题；而如果每个成员都能齐心协作，不计得失，多么大的困难也会迎刃而解。

单打独斗和协同作战

有“丛林之王”之称的非洲狮子，却通常处于挨饿的状态，因为它们捕食的时候总是习惯单打独斗。在非洲丛林里，还生存着另外一种食肉动物——非洲鬣狗。非洲鬣狗和狮子截然相反，它们通常成群结队出动，多则数百只，少的也有几十只。而且，这些群体活动的非洲鬣狗很少自己猎食，而是等狮子把猎物杀死以后，再从“丛林之王”的嘴中抢食。虽然单个的鬣狗无法对抗强大的狮子，但是成群的鬣狗团结起来，却敢于从狮子那里夺食。实际上，像非洲鬣狗那样凭借团队合作，创造一个又一个不可思议的神话的动物还有很多。

一只蚂蚁在发现了一个比它体重大数百倍、数千倍的食物时，又是拖又是拉，费了半天劲，食物几乎一动没动。于是，蚂蚁会招呼同伴来帮忙。不久你会看见，在一群蚂蚁的齐心协力下，食物很快被拖到了蚁穴。

这个现象告诉我们，团队的力量是巨大的，要想成功，就要融入团队。每个人的力量都是有限的，只要大家精诚合作，每个人都付出自己的努力，团队就能发挥出巨大的能量。

当“保姆”的草原狼

在广阔无垠的旷野上，一群狼踏着积雪寻找猎物。它们最常用的一种行进方法是单列行进，一匹挨一匹。领头狼的体力消耗最大。作为开路先锋，它在松软的雪地上率先冲开一条小路，以便让后边的狼保存体力。领头狼累了时，便会让到一边，让紧跟在身后的那匹狼接替它的位置。这样它就可以跟在后面，轻松一下，养精蓄锐，迎接新的挑战。

在一对头狼夫妇的带领下，狼群中每一匹狼要为了群体的幸福承担一份责任。比如，在母头狼产下一窝幼崽后，通常会有一位“叔叔”担当起“总保姆”的工作，这样母头狼就可以暂时摆脱责任，和公头狼去进行“蜜月狩猎”。狼群中每个成员都不希望做固定的猎手、保姆或哨兵——不过，每一匹狼都在扮演着至关重要的角色。

早在与成年狼嬉闹玩耍时，狼崽们就被耐心地训练承担领导狼群的重任。它们这样做是因为生活本该是这样。

成功的团体和幸福的家庭也是如此。每位成员不仅要承担自己的义务，还要准备随时承担起更大的领导责任。一个团体的生命力就维系于此。

大雁的启示

每年的9月至11月，加拿大境内的大雁都要成群结队地往南飞行，到美国东海岸过冬，第二年的春天再飞回原地繁殖。在长达万里的航程中，它们要遭遇猎人的枪口，历经狂风暴雨、电闪雷鸣及寒流与缺水的威胁，但每一年它们都能成功往返。雁群一字排开成“V”字形时，这比孤雁单飞节省了71%的飞行能量。

雁阵中每只雁振翅高飞，会为后面的队友提供“向上之风”，这种省力的飞行模式，让每只雁最大地节省能量。如果我们如雁一般向着共同的目标前进，彼此相互依存，就能分享团队的力量。而当某只雁偏离队伍时，它会立刻发现，单独飞行是多么辛苦，阻力是多么强大。当它飞回团队时，才能利用前面伙伴提供的“向上之风”。

当前导的雁疲倦时，它会退到队伍的后方，而另一只雁则飞到它的位置上来填补。当某只雁生病或受伤时，会有其他两只雁飞出队伍跟在后面，协助并保护它，直到它康复，然后它们自己组成“V”字形，再开始飞行追赶团队。

如果团队的每一名成员如雁一般，无论在困境或顺境时都能彼此维护，互相扶助，再艰辛的路程也不惧怕遥远。

规则篇

不以规矩，不能成方圆。

——孟子

一个有序和谐的社会离不开每一位公民对规则的遵守。无论是国家的威严律法，还是团体的规章，无论是显性的制度规定，还是约定俗成的社会公德，规则渗透在我们生活的方方面面。法律法规让每一名社会成员心生敬畏；社会公德让我们的生活在有序的基础上多了些温度。从古至今，社会的安定有序从来都离不开对规则的遵守。从对规则的敬畏到自觉遵守，规则意识丈量着我们与文明的距离。

法令的力量

春秋时期，离鲁国都城南门数里路的地方，有一大片芦苇荡，周围又有很大一片草地和树林，野生动植物很多。初冬时节，鲁国有人在这里打猎。为了驱赶草丛和芦苇荡中的野生动物，有人一时兴起，竟然不顾后果放起了一把火。谁知火借风势不断向南扩展，眼看就要烧到都城，形势十分危急。

鲁哀公在宫中闻报，急忙率人前去救火。他们赶到火场一看，却发现没有什么人去救火，而不少人正忙于追逐那些从火场中奔逃出来的野生动物。

鲁哀公看到这一情景，心中万分焦急，却又毫无办法，只好派人去召请孔子。

孔子应命而至，他说："主公，之所以没人去救火，是因为救火很辛苦、很危险，却没有奖赏，而那些追逐猎物的人却能得到实惠，又很快乐，而且不会受到处罚，所以就没有人去救火了。"

鲁哀公忙追问道："那么到底该怎么办才好呢？"

孔子说："现在事情非常紧急，来不及论功行赏，也没有那么多的钱去奖赏。目前最好的办法就是'罚'，谁不去救火就重罚。"

鲁哀公听了，连连称好，便让孔子代为颁布命令："不去救火的人，就等于战场上的逃兵；追逐猎物的人，等于闯入了禁地。犯有这两种罪的，均格杀勿论。"

这项命令一下，众人便争先恐后地救火。不久，大火就被扑灭了。

众人为什么会放弃逐利、积极救火呢？并不是他们的觉悟高，而是因为不救火就要被杀头，这让他们实实在在地感觉到了恐惧。因此，严明的法纪约束能更好地规约人们的行为，建立有序社会。

赵奢奉公守法

赵奢，战国时期赵国邯郸（今河北邯郸）人，赵武灵王之子，东方六国"八名将"之一，曾担任掌管赋税的田部吏。

在一次收租税的时候，平原君家不肯缴纳，家臣仗势抗法。赵奢依法处置，杀了平原君家几个当权管事的人。平原君大怒，顿觉颜面扫地，要杀死赵奢以泄愤。赵奢趁机劝说道："您在赵国贵为公子，现在我要是纵容您家而不遵奉公家的法令，就会使法令削弱，法令削弱了就会使国家衰弱，国家衰弱了诸侯就要出兵侵犯，诸侯出兵侵犯赵国就会灭亡，您还怎能保有这些财富呢？以您尊贵的地位，理应率先垂范，奉公守法，这样就会使国家上下公平，上下公平就能使国家强盛，国家强盛了赵氏的政权就会稳固。而您身为赵国贵胄，难道还会被天下人轻视吗？”平原君听了这一席话，怒气顿消，并认为赵奢很有才干，把他推荐给赵王委以重任。

难能可贵的是，在那样一个封建社会，赵奢能有法律面前人人平等的民主思想。他认为，不仅平民百姓必须遵守税法，贵族官僚也必须履行其纳税义务，这就是执行公平。赵奢掌管赵国赋税期间，“国赋大平，民富而府库实”，他也为后世树立了一个极为难得的执法如山的税官形象。

周亚夫执纪如山

周亚夫是汉朝功勋卓著的将军，以英勇善战、严守军纪著称。有一次，汉文帝要亲自犒劳军队，先到达驻扎在灞上和棘门的军营，文帝一行直接骑马进入营寨，将军和他的部下都骑马前来迎接。

接着文帝到达细柳的军营，那里驻扎着周亚夫的军队。只见细柳营的将士们都身披铠甲，手执锋利的武器，拿着张满的弓弩。文帝的先驱队伍到了，想直接进去，营门口的卫兵不让。先驱说：“天子马上就要到了！”

把守营门的军门都尉说：“将军有令，军队里只听将军的号令，不听其他指令。”过了一会儿，文帝也到了，仍然不能进入军营。于是文帝便派使者持符节诏告将军：“我想进入军营慰劳军队。”

周亚夫这才传达命令说：“打开军营大门！”

守卫军营大门的军官对文帝一行驾车骑马的人说：“将军有规定，

在军营内不许策马奔驰。”于是文帝等人就拉着缰绳缓缓前行。

一进军营，周亚夫手执兵器对文帝拱手作揖说：“穿着盔甲的武士不能够下拜，请允许我以军礼参见陛下。”

文帝被他感动，表情变得庄重，手扶车前的横木说：“皇帝敬劳将军！”完成仪式后才离去。

出了营门，群臣都表示惊讶。文帝说：“唉！这才是真正的将军！前面所经过的灞上和棘门的军队，就像儿戏一般，那些将军很容易被敌人用偷袭的办法俘虏。至于周亚夫，谁能够冒犯他呢？”说罢，文帝仍然不停地称赞周亚夫，并传令重赏。

军令如山、纪律严明的军队才最有战斗力。周亚夫身为将领，严明军纪，不仅对士兵们的生命负责，其实也是严守规则的另一种解读。

强项令

董宣，字少平，东汉陈留郡圉县（今河南开封陈留镇）人，曾任洛阳的执政官。他以执法严格著称，被光武帝称为“强项令”，意思是脖子刚硬、不肯低头的县令。

当时公主的家奴杀了人，藏匿在公主家里，董宣的官吏无法

抓捕。公主出门，就让这个家奴陪乘。董宣在半路等候，拦住公主的车马，大声述说公主的过失，呵斥家奴下车。

公主立即回到宫里向光武帝告状。光武帝闻言大怒，召来董宣，要用鞭刑处死他。董宣叩首说："希望说一句话再死。"光武帝问："想说什么话？"董宣说："皇帝您因德行圣明而中兴复国，却放纵家奴杀害百姓，将来拿什么来治理天下呢？不用鞭子打，我请求自杀。"当即用脑袋去撞柱子，顿时血流满面。光武帝命令侍臣扶着董宣，让他磕头向公主谢罪了事，董宣不答应。光武帝就让侍臣强迫他磕头，董宣两手用力撑地，就是不肯低头。光武帝龙颜大悦，暗暗叹服。公主说："陛下过去做百姓的时候，隐藏逃亡犯和死刑犯，官吏都不敢到家门。现在做皇帝，难道还治不了一个县令吗？"光武帝笑着说："做皇帝和做百姓不一样。"于是赐董宣为"强项令"，还赏赐他三十万钱，董宣全部分给了手下众官吏。人们歌颂他说："有董少平在的地方，就没有人击鼓鸣冤。"

法大于权，董宣用自己的生命换取对职责的坚守，用自己的无畏诠释了法纪。

曹操割发代首

有一年丰收之时，曹操率军经过麦田，下令说："士卒不得践踏麦田，若有违犯，一律处斩！"

官兵们在经过麦田时，都下马用手扶着麦秆，小心地趟过麦田，这样一个接着一个，相互传递着走过去，没有一个敢践踏麦子的。老百姓见此情形，没有不称颂的，有的甚至望着官军的背影，跪在地上拜谢。

待曹操骑马走过时，忽然，田野里飞起一只鸟儿，惊吓了他的马。尽管曹操奋力拉紧缰绳，但受惊的马还是一下子蹿入田地，踏坏了一片麦田。

曹操立即叫来随行的官员，要求治自己践踏麦田的罪行。官员说："怎么能给丞相治罪呢？"

曹操说："我亲口说的话都不遵守，还会有谁心甘情愿地遵守呢？一个不守信用的人，怎么能统领成千上万的士兵呢？"随即抽出腰间的佩剑要自刎，众人连忙拦住。

这时，谋臣郭嘉走上前说："古书《春秋》上说，法不加于尊。丞相统领大军，重任在身，怎么能自杀呢？"

于是，曹操就用剑割断自己的头发说："那么，我就割掉头发代替我的头吧。"又派人传令三军：丞相践踏麦田，本该斩首示众，因为肩负重任，所以割掉头发替罪。

剪头发在现在看来或许是件很正常的事，可是古代人认为，头发是从父母那里继承来的，随便割掉不仅大逆不道，而且还是不孝的表现。曹操作为封建社会的政治家，能够割发代首，带头严守军纪，实属难能可贵。

皇甫绩求责

皇甫绩是隋朝有名的大臣。他三岁的时候，父亲去世了，母亲就带着他回到娘家住。外公见皇甫绩聪明伶俐，又没了父亲，十分可怜，因此格外疼爱他。

外公请了个教书先生，办了个学堂，皇甫绩就和表兄们在自家的学堂里上学。外公是个很严厉的老人，在私塾开学的时候就立下规矩，谁要是无故不完成作业，就按照家法重打二十大板。

有一天，上午上完课，皇甫绩和他的几个表兄躲在一个已经废弃的小屋子里下棋。由于一时贪玩，不知不觉就到了下午上课的时间，大家都忘了做教师留的作业。第二天，这件事被外公知道了，他把几个孙子叫到书房里，按照规矩，每人重打二十大板。外公看皇甫绩年龄最小，平时又很乖巧，再加上没有父亲，不忍心打他。于是，就把他叫到一边，慈祥地对他说："你还小，这次我就不罚你了。不过，以后不能再犯这样的错误。不做功课，不学好本领，将来怎么能成大事？"

皇甫绩心里很难过，他想：我和哥哥们犯了一样的错误，耽误了功课，外公没有责罚我，这是心疼我，可是我自己不能放纵自己，也应该按照私塾的规矩，被重打二十大板。于是，皇甫绩就找到表兄们，求他们代外公责打自己二十大板。看到皇甫绩一本正经的样子，表兄们都被他信守学堂规矩、诚心改过的精神感动了，于是就拿出戒尺打了他二十大板。

后来，皇甫绩做了大官，但是这种从小养成的自觉守纪、勇于承认错误的品德一直没有丢，这使得他在文武百官中享有很高的声望。

徐溥储豆自律

明代大学士徐溥自幼天资聪明，读书刻苦。少年时代的徐溥性格沉稳，举止老成，他在私塾读书时，从来都不苟言笑。塾师发现他常从口袋中掏出一个小本本看，以为是小孩子的玩物，等走近才发现，原来是他自己手抄的一本儒家经典语录，由此对他十分赞赏。

徐溥还效仿古人，不断地检点自己的言行，在书桌上放了两个瓶子，分别贮藏黑豆和黄豆。每当心中产生一个善念，或是说出一句善言、做了一件善事，便往瓶子中投一粒黄豆；相反，若是言行有什么过失，便投一粒黑豆。开始时，黑豆多，黄豆少，他就不断地深刻反省并激励自己；渐渐地，黄豆和黑豆数量持平，他就再接再厉，更加严格地要求自己；久而久之，瓶中黄豆越积越多，相较之下黑豆渐渐显得微不足道。直到他后来为官，都一直保留着这一习惯。凭着这种持久的约束和激励，他不断地修炼自我，完善自己的品德，后来终于成为德高望重的一代名臣。

徐溥对自己行为的高标准约束显示了他强烈的自律意识，即使是在个人独处时，也能自觉地严于律己，谨慎对待自己的一言一行。慎独是自律的最高境界，它能让一个人在独立工作、无人监督的时候仍然能够不被外物所左右，丝毫不放松自我监督的力度，谨慎自觉地按照一贯的道德准则去规范自己的言行，一如既往地保持道德自觉。这是规则内化为自身原则的体现。

刘文典与米店老板

抗战爆发后，文史大家刘文典没来得及南下，为生计所迫，只得到北平一家米店当账房先生。

米店老板很讲规矩，从不克扣伙计的工钱。北平沦陷后，老板为躲避战乱，抛下米店，举家逃难。伙计们一时不知所措，有人提议："发财要趁早，现在老板跑了，我们分了钱散伙，说不定这就是我们日后发迹的本钱。"

这时，刘文典站出来说："君子爱财，取之有道。凡事都有规矩，老板以前从没亏待过大家，我们应该尊重守规矩的人。现在我们不能因老板逃走而破坏了米店的规矩。我们要团结一致，把米店继续经营好，待老板回来我们也好有个交代。"大家觉得刘文典言之有理，于是齐心协力让米店照常运转。

半年后，老板避难归来，刘文典等人把米店的钱、物、账完璧归赵。老板欣喜异常，对刘文典等人刮目相看，因此对他也分外优待。正当刘文典为去西南联大任教而缺少路费发愁时，米店老板得知后慷慨解囊相助。

米店老板守住了不克扣工钱的规矩，受到了伙计的尊重；在老板逃难后，刘文典等人守住不侵害老板利益的规矩，继续经营米店，得到了米店老板的回馈。正是双方都守住了各自的规矩，才能在困难的时候得到对方的帮助。

坚守护林规则

著名学者季羡林先生在回忆录《留德十年》里讲了这样一个故事。

1944年冬，盟军完成了对德国的铁壁合围，法西斯第三帝国覆亡在即。整个德国笼罩在一片世界末日的萧瑟氛围里，经济崩溃、物资奇缺，老百姓的生活陷入严重困境。

对于普通平民来说，食品短缺就已经是人命关天的事了。更糟糕的是，由于德国地处欧洲中部，冬季非常寒冷，家里如果没有足够的燃料

的话，根本无法挨过漫长的冬天。在缺少燃料的情况下，各地政府只得允许老百姓上山砍树。

你能想象帝国崩溃前夕的德国人是如何砍树的吗？在生命受到威胁时，人们非但没有去哄抢，而是先由政府部门的林业人员在林海雪原里拉网式地搜索，找到老弱病残的劣质树木，做上记号，再告诫民众：如果砍伐没有做记号的树，将要受到处罚。在有些人看来，这样的规定简直就是个笑话：国家都快要灭亡了，谁来执行处罚？

当时的德国，由于希特勒做垂死挣扎，几乎所有的政府公务人员都被抽调到前线去了，看不到警察，更见不到法官，整个国家简直就是处于无政府状态。但令人不可思议的是，直到第二次世界大战彻底结束，全德国竟然没有发生过一起居民违规砍伐无记号树木的事，每一个德国人都忠实地执行了这个没有任何强制约束力的规定。

当时季羡林先生在德国留学，亲身经历了这些事情，所以时隔50多年，他仍对此事感叹不已，说，德国人“具备了无政府的条件，却没有无政府的现象”。德国人一直以来以严谨的作风享誉世界，这离不开深入民众骨髓的规则意识。

陈毅的“入城守则”

1949年5月10日，陈毅在江苏丹阳县城一间大仓库里，面对由2000多名军政干部组成的上海接管纵队，作“入城守则”报告。他说：“攻击市区，绝对不准开炮，绝对不准爆破。进城以后，坚决执行‘不入民

宅’。入城纪律是执行入城政策的前奏，是我们解放军给上海人民的见面礼。见面礼搞不好，是要被人家赶出来的。记住，我们野战军，到了城里不准再‘野’，纪律一定要严！”

5月12日，上海战役总指挥陈毅，向经过20多天集训和准备的几十万解放大军宣布：“今天，世界上没有任何力量可以阻止我们接管上海了！”

23日，解放军向上海发起全线总攻，向市区突击。总指挥陈毅向有关军长郑重交代：“你们马上要攻打市区了，一定要军政全胜，一定要把人民的损失减少到最低限度！”

27日，上海全部解放。历时15天的上海战役，歼国民党军15.3万人，城市完好无损。电灯是亮的，自来水未停，电话畅通，工厂、学校保存完好。

据《党史博览》记载，枪声停息后的第一个早晨，当市民打开家门时，惊奇地发现马路两边湿漉漉的地上，睡满了身穿黄布军装的解放军战士。英勇攻取了上海的胜利之师不入民宅却睡马路，这旷古未有的景象强烈震撼了上海市民。很快，解放军在十里洋场露宿街头的照片在香港和世界各国的报刊头条登出。

美国销路最广的《生活》杂志说：“各项消息指出了一个历史性的事实，即是国民党的时代已经结束。”“入城守则”这一铁的纪律不仅仅是对部下的要求，也赢得了上海的民心。

刘少奇退生日蛋糕

1959年11月24日下午，海南岛琼海县委招待所的一间客房里，刘少奇的秘书吴振英和厨师郝苗，望着桌子上一块中间镶着“寿”字的生日蛋糕，深深地犯起愁来。这是怎么回事呢？

原来，前一天晚上，刘少奇的厨师郝苗同吴振英商量说：“少奇同志就要结束休假返京了，24日是他的61岁生日，要不要稍微给他改善一下伙食？”吴振英想，少奇同志到海南休假以来，把心思都花在读书上，常常废寝忘食，没有吃好休息好，现在恰逢过生日，给他改善一下伙食，倒是一个好机会。于是他对厨师表示：“我看可以，给他多做个菜，稍微改善一下。”

谁知，他俩商量的话被当地的同志听到了。出于对刘少奇的热爱，当地同志做了一块中间镶着“寿”字的生日蛋糕，送到了琼海县委招待所。

这样一来，可让吴振英和郝苗为难了。他们知道，刘少奇从来不搞祝寿，也不许别人为他祝寿，现在地方同志事先不打招呼就送来蛋糕，退又不能，不退又怕刘少奇批评，怎么办呢？他俩商量之后，决定还是先向刘少奇透个气，免得吃饭时刘少奇突然见了蛋糕不高兴。

吴振英笑着说：“省里的同志听说今天是您的生日，送来了生日蛋糕……”

“谁叫你们搞的？去，拿走！”刘少奇一听，立马生气了。

平时，刘少奇极少对工作人员发脾气，可这一回，吴振英从他严峻的神情上看出他真的恼火了。吴振英也不好解释，只好自己承认错误，然后不声不响地退了出来。

果然，刘少奇发火了。吴振英走出去后，刘少奇又把夫人王光美叫来，问她："你知道不知道做蛋糕的事？为什么不加以制止？"

王光美说，这事她也不知道。刘少奇停了一下，严肃地说："党中央早就做过决定，政治局的同志不搞祝寿。这是我举手同意了的，自己就要坚决执行，决不能带头破坏中央决定。这些事你应该注意，要经常跟他们讲讲。"

心中有规则，心中有纪律，刘少奇身上烙印着老一辈革命同志的优良作风。反观现实社会，我们正需要弘扬这股社会正气，坚守两袖清风、一心为民的宗旨。

周恩来冒雨借书

1960年秋季的一天，下着大雨，北戴河外宾阅览室里，忽然电话铃响了。管理员小王拿起话筒一听，原来是北戴河疗养所外事处的一位同志打来的，说是有位领导要看世界地图和其他一些书籍，请图书室的同志给送去。

小王看了一下墙上挂的借书规定，又望了望窗外正下着的大雨，就委婉地回答说："图书室有规定，这些书不外借，如果需要请到图书室里来看。"小王放下话筒，又望着窗外越下越大的雨，心想：这样的天气，一定不会有人来借书了。

不一会，图书室的门开了，走进一个身材魁伟的人，手里拿着一把水淋淋的雨伞，裤脚已经湿透了。他走到小王面前，笑着向她借书。

小王把书拿出来，抬头把这位同志仔细看了看，惊叫了一声："啊，周总理！"她赶紧把书捧给总理，又暗暗自责：早知道是总理，无论如何也要给送去。

她望着总理，喃喃地表示歉意。周恩来却爽朗地笑着说："你把图书管理得很好嘛。有一套制度这很好，没有章程、制度，就办不好事情。无论什么人都应遵守制度。"说完，就拿起书坐在桌边认真地查阅起来。

离去时，周恩来握着小王的手，再次说："一定要办好图书室。"小王激动地表示："听总理的话，改进工作，办好图书室。"遵守纪律规定不仅是每个人必须做到的，更是一个人获得别人尊重的前提。

罚站一分钟

在美国《财富》杂志公布的2008年全球企业500强排行榜中，联想集团首次上榜。这个世界第四大计算机制造商，一向以严格的管理和雷厉风行的作风而出名。在联想集团内部，有一条延续了十几年的规定，即无论是谁，如果开会迟到了就要罚站一分钟。

一次集团会议上，倍受总裁柳传志尊敬的一个老领导迟到了。员工们看到这位老上级出现在会议室门口，先是一愣，继而小声议论起来："算了吧，会议才刚刚开始呢！""那怎么行？领导迟到了也要罚站才行！"

这事的确让柳传志为难了，看着一生勤勤恳恳工作的老领导，柳传志心里极为矛盾。他走到老领导面前，接过对方手里的一小摞资料，说：“您现在在这儿站一分钟。今天晚上我到您家里，给您站五分钟。”老领导满脸尴尬。柳传志语气更加坚定了：“现在您必须罚站，若不这样，今后的会议就没法开了。所有的人都忙，那就都有理由迟到。”老领导理解柳传志的做法，还真的在会议室门口站了足足一分钟。

还有一次，联想集团召开高层会议。不巧，电梯突然卡在两层楼之间不再上升了，柳传志被困在电梯里，要上上不去，要下又下不来。眼看会议时间就到了，可也没有解决办法，只能静静地等维修人员赶来把故障排除。好在电梯很快就修好了，柳传志迅速冲上楼，可是当他赶到会场时，会议已开始好一会儿了。看到大家都坐在会议室等着自己，柳传志十分愧疚。他一句话都没有解释，自觉接受惩罚，在会议室站了一分钟。

开会迟到了，就要罚站一分钟，这是联想的规矩，总裁柳传志当然也不例外。凭着这样严明的管理制度，早在2003年1月，在第十一届最佳管理公司的评选中，联想就获得了“最佳管理公司”第一名的荣誉。

唤醒良知的医者陈晓兰

陈晓兰是一位与假劣医疗器械斗争了十余年的白衣天使。在这个物欲横流的时代里，她用规则做盾，以正义为枪，划破了企图阻挡阳光的那片阴霾，驱散了模糊时代精神的尘埃。同事笑她傻，因为她面对巨额的红包、封口费竟然丝毫不动心，反而默默承受黑心商人的打击报复；家人骂她傻，因为她为了取得证据，竟不惜假扮病人，以身犯险，以身试针。

可是她说：“既然身穿白大褂，就不该对不起‘医生’这两个字。”神圣的医德让她无法眼看着黑心商人用假劣医疗器械欺骗病人而默不作声，纯净的良知让她无法忽视病人被病魔折磨后却得不到治疗的痛苦。于是，她选择站出来，去戳穿那些肮脏的谎言，去维护白大褂的纯净。

她是一位真正的医者，温润却坚韧，温和而坚定。医者的责任让她知难而上，她打破虚假，还原真相。既然身穿白衣，就要对生命负责。她不惧怕死亡，用生命还医疗行业一片纯洁的天空。

斯迈尔斯曾说：“一个没有原则和没有意志的人就像一艘没有舵和罗盘的船一般，他会随着风的变化而随时改变自己的方向。”对职业操守的坚持不是不知变通的愚昧，也不是跟不上潮流的落魄，而是“虽千万人，吾往矣”的无私，是坚守职业道德的坚毅。虽然这条路很难走，可陈晓兰仍然拖着沉重的脚步为社会找到了方向，用无比的勇气守护着我们这个社会的规则。

委屈奖

上海公交原22路车售票员柯莉萍，曾获得一个很特殊的奖项——“委屈奖”。关于这个奖，背后还有着一个小故事。

一天，一名男青年买车票时，故意将一口痰吐在一张伍角纸币上，又扔在车厢的地上。柯莉萍面对男青年突然的无礼举动愣住了。其他乘客看到后，纷纷指责男青年的无礼，同时也都在悄悄地注视着柯莉萍。

只见柯莉萍慢慢地弯下腰，先拾起那张被污损的纸币，然后用纸巾轻轻地擦去痰迹，随后又礼貌地向男青年递上车票。大家都被柯莉萍的举动震惊了，没想到柯莉萍如此平静，竟然没有指责那名男青年的无礼举动。乘客们对她的行为赞不绝口。与此同时，那名男青年更是自感惭愧，向柯莉萍道了歉。事后，同事向车队汇报了此事，于是车队领导向柯莉萍特别颁发了“委屈奖”，以鼓励全队的售票员。

文明礼貌也是我们社会的一项规则，是需要我们遵守的基本道德规范。在乘客举止无礼的情况下，柯莉萍既没有恼怒，更没有忘记职责，坚守工作岗位的同时，得体地为男青年做了很好的表率。这是对不文明行为的正面抨击，也是个人极高素养的体现。文明有礼的举动就像一座高高的灯塔，一切不文明的行为在它面前都自惭形秽。

违反考纪，践踏公平

为保证国家重大考试的公平性，《中华人民共和国刑法》规定："在法律规定的国家考试中，组织作弊的，处三年以下有期徒刑或者拘役，并处或单处罚金；情节严重的，处三年以上七年以下有期徒刑，并处罚金。"2016年作弊入刑后的首次研究生考试，也被称为是"史上最严"。但就是在法律以及行政命令双管齐下的背景之下，居然还有机构和个人顶风作案。

2016年全国硕士研究生考试首日，一份英语试题答案开考前已在网络上流传。事后，经公安机关及教育考试部门等确认，考研题遭泄密。通过追踪相关线索，武汉某教育咨询服务部负责人王某具有较大嫌疑。在研究生考试首日，公安机关将正在通过无线电设备发送答案的王某当场抓获。

2015年12月至2016年6月间，在公安部指挥下，湖北省、荆州市、公安县三级警方组成的联合专案组先后查获一批嫌疑人以及参与作弊的考生，涉及全国16个省(区、市)，成功破获这起组织结构庞大、关系错综复杂的作弊大案。

据了解，此次受审的13名犯罪嫌疑人被指控的罪名涉及组织考试作弊罪，非法提供出售试题、答案罪，代替考试罪三项。21号下午，经过法庭审理，13名被告均当庭认罪。教育考试部门及公安机关透露，所有涉案考生也已被锁定信息，均将依法依规受到应有的处罚。

考试作弊看似是个人行为，但究其本质是对其他诚信考生的不公平，是严重违反社会规则的行为。考试舞弊入刑举措有力地维护了广大学子的正当权益，也给作弊的不法分子敲响警钟。

用生命自拍的少女

2016年4月9日下午，佛山一名19岁的女大学生，站在广茂铁路佛山南海狮山莲塘村段的铁轨边自拍，由于距离火车太近，自拍时被后方正高速驶来的列车卷入车轮，救护车赶到现场后也没能将她抢救回来。

佛山南海狮山莲塘村200亩玫瑰花田紧挨着广茂铁路，花海中一列列的火车伴着花香经过，风光独特又旖旎。虽然出了事故，但现场很多游客仍不满足于在花田里自拍，不顾危险穿过铁路，甚至在铁路上摆各种姿势，争取和疾驰而来的火车留下合影。

“那个女孩就是像他们一样在铁路边自拍酿成悲剧的。”玫瑰花农黄先生受访时称。9日下午1时许，该名女生和另外两名同学来到铁轨边。不久后，火车经过，“她站在离交叉口不到2米的铁轨边缘，一只手摆出“V”的姿势，另一只手拿着手机，准备与列车合影”，黄老板称，“可能火车声音太响了，旁边有好几个人叫她回来，但她似乎没听到。我看到火车驶过后，她人也不见了。她的朋友都被吓傻了。”

10日，一名网友贴出了该女生被火车撞上的瞬间。从照片上看出，火车驶过时，该女生正脸对着火车，头发和蓝色裙子被狂风带起，整个人几乎和火车贴着面。然而，火车驶离后，女孩已经躺在了玫瑰花丛边上。

救护车医护人员现场诊断，伤者由于头部颅脑严重受创，大量失血，已没有任何生命迹象。就在该段铁路边，赫然竖立着“严禁行走穿越铁路”等标语，但人们似乎都对它视而不见。在火车开过时，该路口有一名辅警在维持秩序，不允许通行，但火车一开过，人们继续在铁路上拍照。

我们应谨记：规则的建立不是虚设，挑战规则的代价之大是生命不能承受之痛。

无视规则，落入虎口

2017年新年刚过，正月初二下午，宁波雅戈尔动物园一名男子进入老虎园散放区，被几只老虎攻击撕咬，最后虽然被救出，但送到医院后经抢救无效死亡。到底是什么原因酿成了这场悲剧？

死者张某，是家中顶梁柱，有两个儿子。初二那天他带着老婆、孩子去动物园玩。张某先是翻越围墙，无视警示标识钻过铁丝网，逃票进入动物园。其实园方为防止游客逃票，设置了多重障碍。进入虎山要经过三道隔离，第一道是一条隔离围墙，沿着山腰还有一道铁丝网，虎山上还有三米多高的围墙，围墙上有“内有猛兽，切勿翻墙”的警示牌。而张某选择无视警示，踏着警示牌爬进虎山。不曾想，进入之后，等待他的竟是与家人的永别。

张某进入虎园时正值饲养员向游客示范如何给老虎喂食，当饲养员突然发现有人进入老虎散放区时，张某已被老虎撕咬。饲养员迅速采取营救措施。事发时老虎园区内一共有7只老虎，饲养员将6只赶回了笼子，但攻击男子的那只一直不回笼。经过一番营救尝试后，由于老虎仍紧咬住张某不放，园方最终决定射杀老虎，但最终张某没能在老虎口中逃生。

无独有偶，追溯2016年7月23日的北京八达岭野生动物园老虎伤人案，调查组对事发原因做出的认定是：一是赵某未遵守八达岭野生动物世界猛兽区严禁下车的规定，对园区相关管理人员和其他游客的警示未予理会，擅自下车，导致其被虎攻击受伤；二是周某见女儿被虎拖走后，救女心切，未遵守八达岭野生动物世界猛兽区严禁下车的规定，施救措施不当，不幸导致其被虎攻击致死。

血的教训不应只让我们记得猛虎伤人的常识，更应在内心深处刻下对规则的敬畏。正如报道所言："社会的公序良俗和国家的长治久安，源于我们每个人对常识与规则的遵守。"无视规则即入虎口，遵守规则就是善待自己的生命。

遵守钓鱼规则的父子

一位父亲带着年幼的孩子去钓鱼。河边的告示牌上写着：钓鱼时间从上午九点至下午四点。

父子俩从上午十点半开始钓鱼，直到下午三点四十多，仍一条鱼都没有钓到，但孩子仍然不死心，继续钓鱼。快到四点的时候，孩子突然发现鱼竿变成了弧形，意识到有鱼上钩了。看鱼竿摆的幅度，很有可能是一条大鱼。于是，他赶紧一边收线一边喊父亲过来帮忙。父子俩费了半天劲，终于钓起来一条大鱼。父子俩高兴地欣赏着眼前的大鱼。

突然，父亲想起了什么，他看了一眼手表，收起笑容，严肃地对孩子说："现在已经是四点十二分了，按规定我们只能钓到四点，因此我们必须把这条鱼放回河里去。"孩子不以为然地说："可是我们钓到的时候，还不到四点啊！这条鱼我们应该可以带回家。"

父亲却坚定地说："规定只能钓到四点，我们不能违反规定。不管这条鱼上钩的时候是不是在四点以前，我们钓上来的时间已经超过四点，就应该把鱼放回去。"

孩子恳求父亲："爸爸，就这一次啦！我第一次钓到这么大的鱼，妈妈一定很高兴，这儿又没有人看到，就让我带回家去吧！"

父亲斩钉截铁地说："不能因为没人看到就可以带回家。"说着，把手上捧着的大鱼放回河里。孩子眼里含着泪水看着大鱼游走了，没有再说一句话，默默地和父亲一起收拾钓具回家了。

十多年以后，那个孩子成了一名口碑很好的律师。

这个故事中的父亲给孩子树立了规则意识和守法精神的典范。孩子慢慢懂得了要遵守社会规则，当自己的需求与社会规则产生冲突的时候，能意识到应该对自己的行为做适当的控制和调整。这是孩子适应社会的良好开端。

苏格拉底之死

苏格拉底是古希腊伟大的哲学家，主张无神论和言论自由，奈何其思想却与当局统治者理念相悖。

公元前399年，雅典人以苏格拉底不敬神和蛊惑青年两项罪名，把将近70岁的苏格拉底送上法庭。案件经执政官初审立案后，最终交给一个由500人组成的大法庭审判。

经过审判团投票，苏格拉底被大法庭判处有罪并关入监狱。期间，他的学生已经为他打通所有关节，可以让他从狱中逃走，并且劝说老师，判他有罪是不正义的，逃跑是应该的。然而苏格拉底选择了慷慨赴难，视死如归。他对自己的学生说："我是被国家判决有罪的，如果我逃走了，法律得不到遵守，就会失去它应有的效力和权威；当法律失去权威，正义也就不复存在。"

这不是悲剧的声音，这是一个智者在用生命诠释法律的真正含义——法律只有被遵守才有权威性。法律只有树立了权威，才能有国家秩序与社会正义的存在。在狱中，苏格拉底用自己的生命给他的学生们上了最后一课：法律是用来遵守的。尽管他并不承认自己的“罪行”，但按照法律要求必须被处决，他选择了无条件地遵守。

最终，苏格拉底被判处服毒自杀，他当着弟子们的面从容服下毒药。

让校规看守哈佛

当年，哈佛牧师立遗嘱时，把自己的一块地皮和20本古书赠给当地的一所学院。哈佛大学一直把牧师的这批书籍珍藏在学校图书馆内，并规定学生只能在馆内阅读，不能带出馆外。

1764年的一天深夜，一场大火烧毁了哈佛大学的图书馆，很多珍贵的古书毁于一旦。突发的火灾把一名普通学生推到了一个特殊的位置。原来在大火发生之前，他违反图书馆规定，悄悄把哈佛牧师捐赠的一本书带出了馆外，准备阅读完后再归还。谁曾想，一场大火打乱了他的计划。在经过痛苦的思想斗争后，他终于做出一个勇敢的选择。灾难过后，他主动选择将书还回学校，使得这本书成了稀世珍本。

这名学生怀着不安的心敲开校长办公室的门，说明情况后郑重地将书还给了学校。校长先是表示感谢，并对他的勇气和诚实予以褒奖，但最后还是做出决定，把他开除出校。校长赏罚分明，一点也不拖泥带水。校长的决定得到了许多人的认可，很多人表示用规则看守哈佛比用其他东西看守哈佛更安全有效。

“让校规看守哈佛”的理念，也许是哈佛作为一所私立大学却创造无限辉煌而享誉全球的原因之一。规则是针对所有人的，规则高于一切、大于一切。因为学校有规定，所以这位校长不能无视规则而网开一面。

对于还回图书的学生来说，或许他丢掉了在哈佛继续深造的机会，但他得到校长的褒奖，上了令他终生难忘的一节课。这种做法既捍卫了校规的尊严，也守住了他个人的尊严。

雕刻家的底线

位于美国纽约市曼哈顿以西的自由岛上的自由女神像，手持火炬矗立在纽约港入口处，日夜守望着这座国际大都会。自由女神像的钢铁骨架由设计巴黎铁塔的埃菲尔设计，雕像由法国雕刻家维雷杜克设计。1884年，法国政府将这一象征自由的纪念像，作为庆祝美国独立100周年的礼物赠送给美国。

自由女神像建成时，飞机还没有发明，人们只能看到自由女神像四周的形象。当飞机发明后，人们坐在飞机上就可以从空中俯瞰自由女神像的英姿。

从空中俯瞰自由女神像，人们惊讶地发现，女神像皇冠上的发丝竟也雕刻得栩栩如生，毫发毕现，不禁惊叹不已。要知道，自由女神像是在飞机还没有发明的时代建成的，没有人会想到以后会从空中俯瞰它。

有人问已是耄耋之年的雕刻家维雷杜克："为什么会想到要把女神像头顶上的头发也雕刻得惟妙惟肖？即使马虎一点，也不会有人看见的。"

维雷杜克望着眼前湛蓝的大海和蓝蓝的天空，目光中充满了深情。

他说："这没有什么好奇怪的，别人是看不见，可是我的心能看见，这是我坚守的底线。"

有些规则是发自我们内心的，它是道德，是操守，是底线。

规则之下不容任性

1994年3月22日，俄罗斯国际航空公司593号航班在西伯利亚坠毁，机上75人全数遇难。事故原因是库德林斯基机长未掌握安全系统的特性，违规让小孩子操作飞机并导致自动驾驶部分解除，使得飞机姿态大幅度变化，导致飞机延迟响应操纵而坠毁。

工作人员搜集了掉入西伯利亚地区内的黑匣子，还原了此次事故发生前的整个过程。驾驶舱内的机长在客舱内休息，用于飞行辅助的第一副机长和第二副机长在内进行统管，但其中一位副机长竟私自违规将自己的小儿子带入驾驶舱内，让其"学习"飞行。

由于飞机一直处于自动驾驶模式，副机长并没有太过在意孩子的随意操作。但有一点是被他所忽视的，此飞机型号如果在自动驾驶模式的情况下，被操作不恰当的动作，维持时间超过30秒，那么飞机会自动解锁自动驾驶功能。可怕的是小孩子坐在驾驶位上一直将操作杆往前推，一旁的副机长并没有意识到事故的到来。

飞机在小孩子不当的操作下突然向右转和不断下降，这时飞机自动驾驶的防御机制出现了，由于急剧下坠，飞机默认自动增大引擎动力往上蹿，驾驶舱内的3人突然因惯性力被压在座位上动弹不得，此时第一副机长才意识到问题的严重性，但为时已晚。由于飞机下坠高度已非常低，两位副机长最终没能挽回局面，飞机重重地砸在了山顶，包括机长在内的75名人员无一生还。

一个人的任性违规葬送了75个鲜活的生命，希望如此惨痛的代价能换回人们对规则的尊重。

规则，让我别无选择

在2014年世乒赛上，瑞典选手瓦尔德内尔曾与我国选手进行了一场精彩比赛，那是一场极重要的赛事，决定着两位运动员谁能顺利闯入决赛，所以两人打得特别卖力。选手的连贯对接、锐利扣杀都显示了极高的水平。

在比赛的收尾阶段，双方依然打得难解难分，各不相让，对方每一记失误都会给自己带来一分胜算，自己的每一次成功扣杀都会给胜利加上砝码。在最后的关键时刻，我国选手在一次回防中，将球匆忙打向对面，结果球在急速中落在桌外。在经历了短暂的寂静之后，赛场上爆发了雷鸣般的掌声。那位瑞典选手因我国选手的失误而赢得了比赛。

然而，接下来在喧闹沸腾的赛场上，大家看到了一个孤零零但执着的手势高高举着，原来是瑞典选手在向裁判和观众示意申请仲裁：我国选手打的是擦边球。经仲裁调查，确实表明我国选手的最后一球是擦边球。大家在明白事情的真相后，对这位瑞典选手没有赢得比赛而感到惋惜，更以热烈的掌声回报他的坦荡。

赛后，当记者问他为什么要做那个手势的时候，他说：“规则，让我别无选择！”这样的人格魅力已无关比赛的输赢。尽管最终判定了瓦尔德内尔比赛失败，但他早已站在人格高尚的领奖台上，向我们展示了一种坚守公平的决心，一种恪守规则的力量。

在斯德哥尔摩举行的瑞典年度体育盛典上，瓦尔德内尔荣膺“体育荣誉奖”。

百年之后的来信

上海外白渡桥是我国第一座全钢结构的铆接桥梁。长期以来，外白渡桥一直是上海的一处标志性景观，它的沧桑、古朴和独特设计，散发着迷人的魅力。每天，桥上车来人往，川流不息。

2007年底，上海市政工程管理局收到一封来自英国一家名叫华恩·厄斯金设计公司的来信。

信中说，外白渡桥于1907年交付使用，当初设计使用期限是100年，现在已到期，请注意对该桥维修。信中还特别提醒，在维修时，一定要注意检修水下的木桩基础混凝土桥台和混凝土空心薄

板桥墩，并为上海市政工程管理局提供了当初大桥的全套设计图纸。这家设计公司在信中还说，当初大桥设计的期限是100年，100年到了，为大桥的使用者提个醒，是他们的职责所在。

经过百年的沧桑和巨变，这家英国设计公司的办公场所换了一处又一处，人员也是换了一茬又一茬，当初大桥的设计者也早已作古。以现代人的眼光来看，无论发生了什么事，设计公司也不必再承担任何责任。但是，“视质量为生命”是他们的职业操守。即使已经跨越百年，时过境迁，这份职业道德依然约束着后人，使他们不敢忘记自己的职责。

遵守职业道德何尝不是遵守社会规则，而往往只有“严苛”的规则标准才能为公司赢得荣誉、树立口碑。

陨落的斯诺克之星

2013年9月17日，世界台联在官方网站正式公布了关于斯蒂芬·李假球案的听证会最终结论：斯蒂芬·李确实曾经故意打假球。世界台联纪律委员会主席奈杰尔·马维尔直言：“这是我们见过的斯诺克史上最堕落的臭事。”

英国布里斯托尔法庭最终裁定，斯蒂芬·李在2008年至2009年的7场比赛中参与打假球，其中包括2009年世锦赛负于瑞恩·戴以及2009年中国公开赛输给塞尔比的比赛。世界台联披露，2008年1月到2009年4月期间，超过4万英镑的金额因此进入了斯蒂芬·李妻子的账户。媒体普遍认为，斯蒂芬·李会被禁赛终身。其实，早在这之前他就曾因打假球而被禁赛半年。

世界台联主席杰森·弗格森说：“斯蒂芬·李曾经是世界排名第5的选手，非常有机会成为斯诺克界的伟大传奇，但很可惜的是他没有守住自己的底线。现在，他在这项运动中的前景布满疑云，因为他将受到严厉制裁。”有如此高超的技术却面临禁赛的惩罚，令闻者纷纷替他感到惋惜。

针对此次事件，世界斯诺克的掌门人巴里·赫恩重申了对假球的“零容忍”政策：一旦你欺骗了别人，你就会被发现，就会受到惩罚；如果你破坏了规则，你就会让自己处于危险之中，你的运动生涯就有可能完结了。

由于此次打假球丑闻，斯蒂芬·李的职业生涯基本完全断送，这警示我们要树立牢固的规则意识，守住自己的底线。任何妄图钻规则空子的行为，最终都会付出惨痛的代价。

诚信篇

人而无信，不知其可也。

——孔子

无诚则无德，无信则事难成。诚信，是我们中华民族的优良传统。它已融入我们民族文化的血液，成为文化基因中不可缺少的重要一环。诚信对于我们每一个人，不仅仅是一种为人的准则、担当的责任，砥砺出精彩的人生，更是一种高贵品质，需用一生去努力铸造。历史上无数的风流人物，用他们的诚信塑造出优秀的自我，树立了光辉的形象。今天，我们歌颂诚信、推崇诚信，播下诚信的种子，赢得这张人生的通行证！

重耳退避三舍

春秋时候，晋国公子重耳为了躲避晋献公的追杀，在外流亡了十几年。经过千辛万苦，重耳逃到了楚国。楚成王认为重耳日后必有大作为，就以国君之礼待他如上宾。

一天，楚王设宴招待重耳。楚王问重耳："你若有一天回晋国当上国君，该怎么报答我呢？"重耳略一思索说："美女侍从、珍宝丝绸，大王您有的是；珍禽羽毛、象牙兽皮，楚地更是盛产。晋国哪有什么珍奇物品献给大王呢？"楚王说："公子过谦了。话虽然这么说，可总该对我有所表示吧？"重耳笑笑回答道："要是托您的福，果真能回国当政的话，我愿与贵国友好。假如有一天，晋楚之间发生战争，我一定命令军队退避三舍。如果还不能得到您的原谅，我再与您交战。"

四年后，重耳回到晋国当了国君，他就是历史上著名的晋文公。公元前633年，楚国和晋国在战场相遇。晋文公为了实现他许下的诺言，下令军队后退三舍，驻扎在城濮。晋军将士听到这个消息后，就劝晋文公，请他再等一等，不要撤退。晋文公则说："在楚国，我已经做出承诺，不能失信于人，我们决不能只看到一城一池的得失。信用，是治国的法宝，也是安民的法宝。国君讲信用，老百姓才有安全感。我将信守诺言，立即撤退。”楚军见晋军后退，以为害怕了，马上追击。同仇敌忾的晋军集中兵力，大破楚军，取得了城濮之战的胜利。

重耳以“信”立国，赢得了百姓的信任。在他的治理下，晋国一天比一天强盛起来。

孟信不卖病牛

北朝人孟信起初是一名小吏，为官清廉，家里的日子过得很苦。为了改善困窘的生活，他的侄子打算将老牛卖掉，换些柴米油盐，孟信却坚决不允。无论侄子怎么劝说，孟信就是不同意，说：“那是头病牛，不能干农活，怎么能卖掉，欺骗别人呢？”侄子无奈，只好听他的。

后来，孟信外出，侄子借着这个机会找到一个买主，准备偷偷把病牛卖掉。在侄子的花言巧语之下，牛被卖掉了。买主刚要牵着牛走，这时孟信从外地回来了。

经过询问，孟信知道是侄子说谎话骗人买了牛。他就对买牛人说：“这头牛有病，不能干活，你买它干什么？”说着，把钱还给买牛人，还对买牛人说附近谁家的牛好，可以去那儿买牛。买牛人连连赞叹孟信的高尚品德。过了一会，他对孟信说：“孟公，我现在想买你这头病牛，病了也不要紧，因为不需要它出多大的力气。”面对买主的苦苦请求，孟信还是不依，买牛人只好走了。

孟信讲诚信不卖病牛的事很快传开了，连皇帝都听说了。孟信诚实敦厚、不贪小便宜、为人着想的高风亮节，让皇帝赞叹不已。皇帝认为孟信是个诚实守信的人，立刻派人召他进京，封他做了官。

李固言诚实为官

唐朝中期，有个书生叫李固言，为人忠厚老实，勤奋好学，很有才华。经人推举，他参加了科举考试。李固言的文章不但文笔流畅，而且见解独到，因此他被选为状元。

李固言在朝廷做官后，仍然保持自己诚实耿直的本性，不像其他官员处事那么圆滑。他心里怎么想的就怎么说，从不做不诚实的事情。

一次，皇帝唐文宗让李固言颁布诏书，内容是让降职的官员王堪去做太子的宾客，辅佐太子。可是李固言手捧诏书，站立不动。皇帝觉得很奇怪，就问他："爱卿，你还有什么事吗？"

李固言思虑着说："臣……臣以为此事有些不妥。"

皇帝很不高兴地说："有何不妥！事情已经决定了，你宣读诏书就是了。"

李固言仍然没有宣读诏书，想如实地对皇帝说出自己的想法。他本来就有些口吃，一着急，更不知怎样表达自己的意见才好。皇帝看李固言仍不肯宣读诏书，就生气地离开了朝堂。

李固言回去以后，写了一份奏折给皇帝：太子是未来的接班人，应该由贤德的大臣陪伴，被降职的大臣不适合做太子宾客。皇帝看了，觉得很有道理，就把王堪改任了。诚实敢言的李固言让皇帝记在了脑子里，不久他就被提拔了。

李勉葬银

唐朝人李勉虽然家境贫寒，但是从不贪取不义之财。时间长了，他就养成了习惯，培养出了诚信儒雅的君子风度。

有一次，他外出学习，住在一家旅店里，正好遇到一个准备进京赶考的书生。两人一见如故，于是经常在一起谈论古今，讨论学问，成了好朋友。

一天，这位书生突然生病，卧床不起。李勉连忙为他请来郎中，并且按照郎中的吩咐帮他煎药，照顾着他按时服药。可是，那位书生的病不但没有好转，反而一天天地恶化下去了。书生说："我剩下的时间不多了，临终前兄弟还有一事相求。"李勉连忙安慰道："哥哥只要静心休养，不久就会好的。哥哥不必客气，有事请讲。"书生指着床榻上的一个包袱说："这是一百两银子，本是赶考用的盘缠，现在用不着了。我死后，麻烦你替我筹办棺木，将我安葬，其余的都奉送给你，算是我的一点心意。"李勉为了使书生安心，只好答应收下银子。

第二天清晨，书生去世了。李勉遵照他的遗愿，精心为他料理后事。剩下的许多银子，李勉仔细包好，悄悄地铺在棺木下面。不久，书生的家属赶到了客栈。他们移出棺木后，发现了陪葬的银子，都很吃惊。了解到银子的来历后，大家都被李勉诚实守信、义不贪财的高尚品行所感动。

后来，李勉在朝廷做了大官，仍然廉洁自律，诚信自守，深受百姓的爱戴，在文武百官中也是德高望重。

陶四翁火烧紫草

宋朝有个人叫陶四翁，他开了家染布店。一天，有人推销一种能染布的紫草，既好用又便宜。当时，陶四翁的店里正缺染料，他就把所有的紫草都买了下来。

过了不久，一个商人来到店里，看见了陶四翁买的紫草。他观察了一会儿，便说："陶掌柜，你买的这些紫草是假货啊！"陶四翁不相信："你怎么知道？"商人便将判断紫草真假的方法告诉了他。陶四翁验证了一下，发现这些紫草果然是假的。他非常自责："我怎么如此粗心大意，这得造成多大的损失啊！"

商人安慰他说："你别发愁，将这些紫草交给我，明天我帮你拿到那些小染坊去卖了，这样你的损失就降低了。"陶四翁无奈地说："那就麻烦你了。"商人走了以后，陶四翁又仔细思量，觉得商人的提议不妥。自己已经受骗，遭受了损失，又怎能再去骗人，让别人受损呢？于是决定烧毁这批紫草。

第二天，商人如约前来，却看到店门前街上火焰腾腾、浓烟滚滚，便颇为惊讶地问道："你为什么要这样做？"陶四翁面容严肃地说："我已经上当受骗，怎么能再去欺骗他人？舍利取义，是做生意的底线，更是做人的底线！”

其实，那个时候陶四翁的染布店资金并不雄厚，因为这场损失，更是大伤元气，过了好久才恢复过来。不过，正是因为他舍利取义，人们都愿意和他做生意。后来，陶家的生意越做越大，陶四翁也成为当地有名的富商。

宋濂守信好学

宋濂是我国明朝时一位知识渊博的人。他从小喜爱读书，但因家里很穷，上不起学，也没钱买书，只好向别人借。每次借书，他都跟人讲好期限，按时还书，从不违约，因此人们都乐意把书借给他。

一次，他借到一本书，越读越爱不释手，便决定把它抄下来。可是还书的期限快到了，他只好连夜抄书。时值隆冬腊月，滴水成冰。母亲说：“孩子，都半夜了，这么寒冷，天亮再抄吧，人家又不着急等这书看。”宋濂说：“不管人家等不等这本书看，到期限就要还，您不是也教育我要诚实守信吗？如果说话做事不讲信用，失信于人，怎么可能得到别人的尊重？”

又有一次，宋濂要去远方向一位著名学者请教，约好了见面日期，谁知出发那天早晨下起了鹅毛大雪。当宋濂挑起行李准备上路时，母亲惊讶地说：“这样的天气怎能出远门呀？再说，老师那里早已大雪封山了，你只穿一件旧棉袄，也抵御不住深山的严寒啊！”宋濂说：“娘，今天不出发就会误了拜师的日子，这就失约了；失约，就是对老师的不尊重啊！风雪再大，我都得上路。”当宋濂到达老师家里时，老师不住地称赞道：“年轻人，守信好学，将来必有出息！”

后来，守信好学的宋濂成了我国历史上著名的学者。

詹谷一诺十年

清朝乾隆年间，四川有一个姓陈的老板开了一家茶业铺，需要雇请一个伙计帮忙。一个叫詹谷的年轻人来应聘。经过半年的相处，老人对詹谷很满意，庆幸自己找了个好帮手。

后来，陈老板收到了老家的来信，他妻子病重，要他赶回老家看望。陈老板临行将茶铺托付给詹谷。詹谷说：“感谢先生对我的信任，茶业铺的生意，我一定尽力维持。您就放心回去，只是希望您尽可能地早点回来。”

连日的车船劳顿，加上家事忧心，陈老板到家后，便一病不起，不久就去世了。詹谷与陈老板断绝联系，一晃就是十年。一天，茶铺里来了个年轻人，与陈老板的相貌十分相似。詹谷一问，才知道是陈老板的儿子。经过询问，詹谷闻听陈老板已经过世多年，想起他的知遇之恩，不禁潸然泪下。镇静下来的詹谷，取出这十年的账簿，请陈公子过目，又带陈公子清点货物，交代得明明白白。陈公子深受感动，算好并付给詹谷十年应得的薪水，并另外赠给他四百两银子，以表谢意。詹谷收下了十年的薪水，但对陈公子赠送的银子却坚决不收。他说："受人之恩，理当相报；受人之托，理当守诺。我只是做了我应该做的事，你也不必再言谢。只是我已经出来十几年，还请公子允许我回老家去，与家人团聚。"

陈公子看着詹谷离去的背影，自言自语地说："真是诚信君子！"当地的人们听说了詹谷的事迹，无不叹服。

梁国志作画先学做人

梁国志是清朝乾隆年间人。梁国志不但学问高、人品好，而且还擅长书画。他的儿子很小的时候就对书画产生了兴趣，吵着让梁国志教他画画。

一天，儿子又拿着画笔来找父亲，还弄得满脸都是墨汁。梁国志见了就想笑，帮儿子擦了擦脸，然后语重心长地对儿子说："学作画之前，要先学会做人，没有人格永远也不会成为优秀的书画家。"儿子抬起幼稚的小脸，很疑惑地问爸爸："画画就画画呗，和做人有什么关系？"

梁国志说："一个真正的画家，是用心在画，而不是用笔在画。如果你是一个诚实、正直的君子，你的画也就会充满正气，让人一看就觉

得充满灵气。”儿子眨眨眼睛，好像还不是很懂，于是梁国志就讲了宋朝大奸臣秦桧的例子。

他说：“秦桧其实是一个很有才华的人，他的书法相当好，可他是历史上有名的奸臣，品行十分恶劣。他死了以后，人们一听到他的名字就咬牙切齿地骂他，没有人愿意收藏他当时留下的书法作品，都认为留着他的字会带来灾难，他的作品不是被撕毁后扔到粪坑里，就是被人用火烧掉。他的字现在留下的已经很少了，人们讨厌他的字其实是讨厌他这个人。”儿子点点头，好像听明白了。梁国志又说：“诚信是做人的第一步，不说谎话、讲信用的人，才会挺起胸脯光明磊落地做人。”儿子听了，牢记父亲的教导，一生坚守诚信的品格，后来他也成了当时很受人尊敬的著名画家。

吴士东乱世守诚信

清朝时，徽商吴士东在苏州阊门外开了一家小铺子，有一点生意，却算不得富足。见到生意兴隆、财源茂盛的同乡，吴士东并没有十分羡慕的神情，他心想：个人头上一片天，关键是要实实在在地守好自己的一片天。

1860年，太平军攻陷苏州，城中百姓惊恐万状，商家也纷纷关了店门四处逃散。就在这时候，一位江西商人满载丝棉织品的货船驶进了苏州城。但是，看到苏州城里冷冷清清的样子，江西商人感到这笔买卖不会像预料之中的那样轻而易举地成交。船就停靠在阊门外的河边，江西商人在城内走了一圈，不一会儿又回到了码头岸边，以前的老主顾不少都弃店而逃，他一筹莫展。

走投无路的江西商人，一抬眼看到了吴士东的小铺子，于是他便走了进去。江西商人诉说了自己的难处，想请吴士东帮忙，把他这批货留下。吴士东说："我这间小铺子囤不下这么多货啊！"

江西商人说："囤下多少是多少，余下的扔掉也行。要我自己扔，实在太心痛了。"说完这话，江西商人就让人卸了货，急急地离开了这是非之地。

在这以后的一年多里，吴士东东奔西走，把江西商人的货物散发给各地的商家。等世道太平了，吴士东碰到那位再次来苏州的江西商人，做的第一件事就是将货款交到他的手里。江西商人感动不已。

此后，吴士东的铺子还是那么小，只是各地的客商都愿意和他交易，他们想亲自感受一下吴士东的诚信，并对这样的诚信表达一种尊敬和向往。

多年后，吴士东已成为徽州富商。在我国历史上，徽商之所以能"称雄"于商界几百年，一个重要的原因就在于其始终遵循诚实守信的经营之道。这正应了那句话："诚实是最好的竞争手段，守信是最吸引人的品德。"

李苦禅烧画

画家李苦禅师从国画大师齐白石，他常说：“人，必先有人格，尔后才有画格；人无品格，下笔无方。”李苦禅待人诚挚，言出必行，不计得失。

一次，相交多年的老友来访，俩人天南海北地聊起了故人旧事，甚是欢娱。末了，老友才不好意思地说：“不瞒你说，今天我是来求画的，不过我看你作画辛苦，想是相求的人太多，实在难以启齿……”不待老友说完，李苦禅爽朗地笑了起来：“老兄何必这样客气呢？凭你我的交情，一幅画算得了什么？不日即可奉上，还请老兄多多指教！”老友高兴得连声道谢，揖手而别。

李苦禅的应酬很多，老友所求之事也一拖再拖。一天，老友的儿子臂戴黑纱，泪流满面地告知其父已病故。李苦禅想起老友所托之事尚未如愿，悲伤之中又禁不住满怀愧疚。应人之事未了，而所应之人已去，如何能让自己心安呢？

夜深人静之时，李苦禅缓缓地铺展开一张洁白的宣纸，细细研墨，然后挥毫作画，画了一百枝卓尔不俗的莲花。画罢，他又郑重地题上了老友慧鉴的跋款，并盖上了自己平时最喜爱的印章。之后，李苦禅携画来到后院中，满上两杯酒，点燃一支高香，洒一杯酒在地，双手举画，对天遥祭道：“吾友见谅，苦禅疏懒，未得一了心愿却惊闻老兄仙去，追悔莫及。今作《百莲图》，焚之以追偿所愿，老兄在天有知，苦禅岂敢无信？”拜完后，划着火柴，将精心制作的画作，化作了一团鲜红的火焰。

李嘉诚还伞

李嘉诚还没成功的时候，碰到下雨，破衣服全都淋湿了。这时，一个中学生打着伞上学，见他淋成那样，就把伞递给李嘉诚，说：“叔叔，用我的伞吧。”李嘉诚看看中学生，问：“那你呢？”中学生说：“前面就是学校，我跑进去就行，你记得还我。”说完把伞塞给他，转身跑了。

第二天，李嘉诚给中学生去送伞，可等了一天，也不见那个中学生从校门里出来。一直在学校门口转了七天，他始终没见到那个中学生。后来，李嘉诚成事了，有钱了，可他只要有时间，就会拿着那把伞到那所学校门口转一圈儿，想找到那个中学生，把伞还给人家。二十多年过去了，李嘉诚还在寻找当年的那个中学生。

但他已经没有精力自己寻找，而是把这个任务交给了行政部张经理。后来，李嘉诚多次催问，张经理都说没有找到。李嘉诚认为张经理办事不力，决定把他下放到下属公司。临走那天，张经理找到李嘉诚，希望能带走那把伞，说：“我就是当年送您伞的中学生。”

原来，送给李嘉诚伞之后的第二天，他就转学去了别的地方，时间一长，他就把送伞的事儿忘了。大学毕业后，他应聘到李嘉诚的公司，也认出了那把当年他送给一个街头小贩的伞。他没有去认领那把伞，因为他不想用那把伞在公司里遮风挡雨，更不想借着那把伞往上爬。如今他说出事情真相，也并不是想向李嘉诚提什么要求，只是想澄清事实。

张经理说完，李嘉诚愣了好久。突然，他走到张经理面前，郑重地给张经理鞠了一躬：“小张，谢谢你当年对我的帮助。”

我们都知道李嘉诚是商业大亨，殊不知，在李嘉诚的人生经历中，像还伞这样讲诚信的事不胜枚举。

正如有人评论的那样，诚信是李嘉诚的标签，或许这也是李嘉诚之所以能成为李嘉诚的原因。

中奖的彩票

郑冬英是苏州一家体彩投注站的打工妹。一次，一个彩民打电话让她帮忙买“排列五”彩票。郑冬英的老公平常对彩票有所研究，他推荐了一串数字，总共投了十注。当晚彩票开奖，特等奖的号码恰好就是那串数字，郑冬英马上意识到她代买的彩票中奖了，奖金数额总计100万元。郑冬英立即给这位彩民打电话，通知他中奖了。

其实，郑冬英和这位彩民根本不熟悉，只记得他的车牌号。这位彩民偶尔给投注站打电话委托投注，连买彩票的钱当时都是郑冬英自己垫的。在得知中奖后，郑冬英和彩民一样激动，但是，她甚至一点都没有把奖金占为已有的想法。

彩票是兑奖的唯一凭证，在谁手上，谁就可以去领奖，如果当初郑冬英动了歪念的话，她可以轻而易举地得到，因为连彩民自己都不知道自己中奖了。但郑冬英确实是连想都没想就把这个喜讯告诉了彩民。郑冬英的事情赢得了苏州百姓的一片赞誉。

多余的钱

庞飞是一位图书推销员。“说老实话，做老实事，当老实人”，这是他的为人信条。他认为，在商业社会中最大的危险就是不诚实与欺骗。利用投机取巧的方法欺骗顾客，虽然这样的做法暂时在金钱上赚了一些，可是人格和信用却因此损坏了，这终将损害自己的长远利益。

一次，他到客户那里去结一次已被欠四个月的账款。客户给他3318元的书款。庞飞觉得关系好，不好意思当着面数，所以没有数。回来后，他清理账款时，发现上午结的那笔款里多了100元钱。当他确认多了100元钱时，马上就打电话给客户，说：“不好意思，我因疏忽大意多收了您100元钱，现在马上给您送过去。”说完就往客户那里赶。

天空下着雨，当他赶到客户那里时已经是晚上11点多了，客户在办公室等着。见到庞飞时，客户说：“庞飞，老实说，我比你先发现我多付了你100元钱，但没有给你打电话，我想看看你会怎么做……你是好样的。”

经过这100元的事情，这个客户自然就成了庞飞的忠实客户。

蜂蜜“实诚哥”

贾树平从八九岁起，就跟着爷爷和父亲一起上山养蜂割蜜，刚开始是出于好奇，但随着成长，贾树平逐渐从父辈手中接过了接力棒。

有一次，一位新客户订购了贾树平家的蜂蜜，为了不耽误客户的行程，在零下6℃的寒冷天气里，贾树平骑着摩托车连夜赶了十多里山路才把蜂蜜送到客户手中。不巧的是，买蜂蜜的人没带够现金，无法支付。正当客户左右为难时，贾树平却让客户先拿走蜂蜜，等有钱的时候再给他，说完贾树平就走了。

当天晚上，客户就用电子付款的方式向贾树平进行了转账支付。可贾树平当时并没有立马收款，却跟客户说：“等你回家之后再给我打钱吧，你一个人在外地，路上没钱可不行……”

事后，有人问他，这样对待一个素昧平生的人不怕受骗吗？贾树平只是说：“我是一个简单的人，当时也没想那么多，人心换人心，当你真心实意对待别人时，别人也一定会诚心诚意地对待你。”

因为他的这件事，很多客户都他叫“实诚哥”，也因为他的诚实，越来越多的人都愿意购买贾树平自家产的蜂蜜。

老锁匠的门规

老锁匠技艺高超，收费合理，深受当地居民的敬重。他为人正直，每修好一把锁，他都会留下自己的姓名和地址，还会对顾客说："如果你们家的门锁，被窃贼用万能钥匙打开的话，你们尽管来找我理论。"

后来，他收了两个徒弟。两个年轻人把基本功都学会了，老锁匠为了挑出最合适的接班人，他进行了一项测验。他将两个保险箱分别放在两个房间，让两个徒弟同时开启，以最短时间打开保险箱的就是"接班人"。

结果，大徒弟只用了十分钟便打开了保险箱，而二徒弟却花了半个小时才打开。当大家都认为大徒弟胜出时，老锁匠又问大徒弟一个问题："保险箱里有什么东西？"

大徒弟的眼睛顿时发亮，他激动地回答："师傅，保险箱里面有很多钱呢！一叠一叠的，全是百元大钞！"

接着，老师傅以相同的问题问二徒弟。二徒弟支吾了半天，说："师傅，我没有注意到箱子里有什么东西。我只顾着开锁，里面的东西就没在意。"

老锁匠一听十分开心，接着他郑重地宣布，二徒弟是他的正式接班人。这个决定不仅大徒弟不服，在场所有的见证人也都不服。

老锁匠说："不管从事什么行业，最重要的就是一个'信'字，尤其是做我们一行的，更要有超高的职业道德。所以，我收徒弟的标准，更重要的就是他的道德心。他不仅要会开锁，还要对钱财视而不见。一旦心中有了偏颇，他就有可能让顾客陷入危险之中，他设计的锁也会被人很轻易地开启，最终只会害人又害己。"

最后，老锁匠对着两名徒弟说："我们修锁的人，心中要有一把不能开启的锁。"

最佳答案是"不知道"

彦龙拿着自己公开发表的十几万文字作品，满街寻找工作，因为文凭太低又不善言辞，他不断地碰壁。庆幸的是，一家广告公司让他去复试。笔试中他从几十名应聘者中脱颖而出。最后是总经理面试，在等待的过程中，他不由得自卑起来。

总经理并非像想象得那么严肃，挺年轻的，三十多岁，很友善。总经理让他坐下并问道："如果你进入广告圈，该从何做起呢？"

"做人。"他不假思索地回答。

"以前看过一些广告方面的书吗？"

"看过。"

"广告界前辈卫斯的作品如何？"

他从脑海中苦苦地思索了一会，奥格威、贝拉……就是没有卫斯这个前辈的印象。

他只好回答：“这个前辈的作品，我没有读过。”接下来的许多问题他虽都有似曾相识的印象，但就是不知怎么具体回答，只好千篇一律地回答：“不知道。”

那么多的“不知道”让他对这次面试并不抱多大希望。第二天，他背起行李准备浪迹天涯。在去车站的途中，总经理给他打了电话：“你已经被公司正式聘用，请你三日之内到公司报到。”后来，在一起闲聊时，他问总经理：“当初面试时，你问我的许多问题我都回答不上来，为何你还录用我？”

老总微笑着对他说：“你的才华从笔试中我已充分感触到，但你的为人我却不了解。其实我问的许多问题都是假的，我期望最好的答案是不知道，这就是诚实。我不需要不切实际、夸夸其谈的人在我身边。”

“乐义”蔬菜

在有着“中国蔬菜之乡”美誉的山东寿光，随处可见以一个人的名字命名的蔬菜品牌——“乐义”，这个人就是为寿光的蔬菜树立诚信品牌的王乐义。

当时，刚做过癌症手术的王乐义，被村民推选为三元朱村党支部书记。新官上任，他便带领村民建起了冬暖式大棚，掀起了一场蔬菜种植新潮流。在大家的努力下，三元朱村生产的蔬菜质量全部达到国际标准，畅销全国各地，并出口到十几个国家和地区。用诚信打造符合质量标准的蔬菜，造就了三元朱村的蔬菜品牌，更是给村民们带来了实实在在的效益。

王乐义不仅自己坚守诚信的理念，他还带动他人做诚实守信的模范，积极向农民创业者宣讲依法诚信纳税知识。寿光绿洲农化有限公司的经理，由于自己创业初期不懂税法，只干不学。结果，开业不长，税务干部就找上了门，最后还是补缴了5万元的税款和罚金。通过这件事，他深有感触地说："乐义说得对，只有学法、守法，依法诚信纳税，才有出路。"

"无论从事什么职业，都要自觉做老实人，说老实话，办老实事。"这就是始终把诚信作为立身之本、用诚实劳动获取财富的王乐义。

急功近利的"秘方"

有一对夫妻，下岗后开了家烧酒店，自己烧酒卖，也算有了条活路。丈夫是个老实人，为人真诚热情，烧制的酒也好。有道是"酒香不怕巷子深"，酒店生意兴隆，常常是供不应求。

看到生意如此之好，夫妻俩便决定把挣来的钱投进去，再添

置一台烧酒设备，扩大生产规模，增加酒的产量。这样，一可满足顾客需求，二可增加收入，早日致富。

这天，丈夫外出购买设备，临行之前，把店里的事都交给了妻子，叮嘱妻子一定要善待每一位顾客，诚实经营，不要与顾客发生争吵……

一个月以后，丈夫外出归来。妻子一见丈夫，便按捺不住内心的激动，神秘兮兮地说："这几天，我知道了做生意的秘诀，像你那样永远也发不了财。"丈夫一脸愕然，不解地说："做生意靠的是信誉，咱家烧的酒好，卖的量足，价钱合理，所以大伙才愿意买咱家的酒，除此之外还能有什么秘诀？"

妻子听后，用手指着丈夫的头，自作聪明地说："你这个榆木脑袋，现在谁还像你这样做生意。你知道吗？这几天我赚的钱比过去一个月挣的还多。秘诀就是，我给酒里兑了水。"丈夫一听，肺都要气炸了，他没想到，妻子竟然会往酒里兑水，他生气地跟妻子理论。他知道，妻子这种坑害顾客的行为会将他们苦心经营的酒店牌子砸了。

从那以后，尽管丈夫想了许多办法，竭力挽回妻子给酒店信誉所带来的损害，可"酒里兑水"这件事还是被顾客发现了，致使酒店的生意日渐冷清，后来就不得不关门停业了。

没有添加剂的米粉

能让老百姓吃上一碗健康的攸县米粉，是廖钟鑫最开心和最有成就感的事。2004年，廖忠鑫投资40余万元的米粉加工企业正式建成投产，他向消费者承诺自己的产品是“绝不添加任何添加剂的米粉”，这在当时攸县的米粉市场是个另类。廖钟鑫严把原材料关，坚决杜绝使用劣质米，通过攻克传统工艺制作难关，实现了不加任何添加剂生产，达到保质保鲜的要求。但由于原材料和生产成本过高，廖钟鑫生产的米粉比其他厂家的米粉一斤贵6毛至7毛钱，他的企业在起步之初便出现了严重的滞销现象。

为了打开市场，廖钟鑫聘请了米粉生产专家，和他们一起研究降低生产成本的同时，带领销售团队赴企业和单位推销米粉。随着宣传和推广慢慢见效，人们对于食品安全的要求越来越高。2005年，他们主打的“绝不添加任何添加剂”的米粉销量从每天200多斤增长到了每天3000多斤。

在扩大规模的基础上，廖钟鑫创办了一家食品厂和一家糙米科研有限公司，研发了米、面、粉等12项产品，其中有6项获得了国家专利。廖钟鑫投资500多万元改进公司生产设备，在攸县米粉加工企业中率先实现生产全自动化。现在，已建成126米长的全封闭式生产厂房、全自动化流水生产线和无菌式操作包装车间，年生产米粉可达2万吨。在廖钟鑫的带动下，攸县不添加任何添加剂的米粉生产已经全面占领市场。

捡到的巨款

如果没有2014年10月21日发生的那一幕，余文觉可能仍与其他清扫员一样默默无闻，一天十余次往返自己的责任路段，清扫、捡拾垃圾，毫不起眼。

这天清晨，余文觉同往常一样，五点多就来到湘江三汊矶大桥，清扫桥面。突然，他发现一个黑色挎包躺在大桥机动车道上，打开一看，里面装有厚厚的一叠百元钞票！余文觉心想失主一定会很着急，于是决定站在原地等候失主，可是等了很久，失主也没有出现。怎么办？他一边联系环卫所所长，一边用双手紧紧抱住小包。所长赶来后，大伙一清点，发现包里有2.8万元现金、20多万元的票据，还有银行卡和身份证等物件。

从一张票据上，余文觉找到了一个联系电话，打过去，对方正是焦急万分的失主。原来，清晨失主驾车去送货，当行至三汊矶大桥时，放在货物上的挎包由于颠簸，从车窗掉落。挎包失而复得，失主感动不已。

其实，余文觉一家的条件并不好，妻子也曾是一名清扫工，在工作时被电动车撞伤，造成腿部骨折，无法继续工作。为了老伴的医疗费，余文觉不顾自己患有腰椎间盘突出和胆结石等疾病，毅然接过了老伴的扫帚，干起了环卫工作。

事后，当有人问他：“面对这么多现金，你就真的不动心？”淳朴的余文觉只说了一句话：“别人的东西不能拿！”诚信的光芒闪耀在这个普通环卫工的脸上，映出了他人性的高尚。

用诚信换来坦然

王一硕出生在一个贫穷的农民家庭，靠着国家助学贷款才凑足了学费，迈入了大学。后来，他以优异的成绩完成了大学学业。毕业那年，他成为团中央和有关部门批准的首批大学生服务西部志愿者。

在即将奔赴西部之际，王一硕写了一封感谢信，送到了广东发展银行未来路支行行长田华松的办公室，向全力支持他完成学业的广发银行表示衷心的感谢，并告诉田行长，他已被批准为西部志愿者，请银行记下他的联系方式，并保证会尽早还清贷款。

一些朋友不理解他的想法，劝他说："国家有的是钱，也不在乎你那点贷款，何况还有那么多大学生没有还款，你干吗那么着急呀？"王一硕却说："在我最困难的时候，是祖国母亲向我伸出了援助之手，使我在人生的十字路口获得了宝贵的学习机会，我怎能忘恩？怎能不为国分忧呢？还款是我义不容辞的责任。"

最后，他用辛苦劳动积攒的26770元一次性地还清了银行贷款，以自己的实际行动践行了自己的诺言，用诚信换来了坦然的人生。

守好应守的规矩

段松从部队转业后，开了一家饭馆。

5月5号晚上11点多，忙碌了一晚的段松开始收拾饭馆。在扫地的时候，从桌子底下扫出一个男士钱包，他弯腰捡了起来，厚厚的一沓钞票从钱包里露出来。

段松心里一阵担忧，这么多钱，丢钱的人得多着急啊！他回忆着吃饭的客人，他们大多是收蒜薹的客商，发现钱包不见了肯定来寻找。但是，一直没人来找钱包。因有事外出，段松便让父亲来替自己看店。

夜里两点多，段松接到父亲的电话，说刚才有人来敲门找钱包，问他有没有捡到一个钱包。他说有，说完便往饭馆赶，到了饭馆才知道失主已经走了。段松拨打了失主留下的电话，没多久失主就回来了。段松仔细核对了信息后就把钱包拿出来给了失主，失主接过钱包时手都是抖的，不停地说着谢谢。

失主说，他们来收蒜薹，装满车后就到段松的饭馆来吃饭。回到家，发现钱包不见了，钱包里有现金1万多元，还有几张银行卡，里面有100多万。他之所以这么晚才来饭馆，是因为恍惚记得吃完饭出门时还摸了摸口袋，感觉钱包还在，便断定没丢在饭馆里。后来实在找不到了，才抱着侥幸的心理来问问，却不曾想真的在饭馆找回了自己的钱包。

有人问段松，那么多的钱，那么晚了，也没有外人看见，饭馆又没有摄像头，甚至失主都不知道是丢在饭馆里了，不往外拿谁都不知道。段松笑着说："我的老首长说过三句话，'守好应守的规矩，尽好应尽的责任，干好应干的事情'，这么多年我一直记忆犹新。这些话语已经内化于心，成了我做事的准则。更何况我是一名老党员，党的教育时刻在我心间，不能做对不起党员这个称号的事情。"

远路不远

一天，司令官对士兵们说：“今天要进行一次越野跑训练，各位尽量发挥自己的实力，争取第一。”随着发令枪一声巨响，士兵们像离弦的箭一样飞快地冲了出去。

有一个士兵不擅长长跑，所以在越野赛中很快就远落人后，一个人孤零零地跑着。当他越过河，来到对岸，转过了几道弯，在一个交叉路口上看见立着一个指路牌，上面写着“大路，司令官跑；小路，士兵跑”。大路一定比小路省力，但是司令官说过要发挥自己的实力，他虽然对军官连越野赛都有便宜可占感到不满，但是仍然朝着士兵的小径跑去。小路又直又平坦，他没想到跑了半个小时就到了终点。

他朝前一看，连一个士兵的影子也没看见，心想：唉，我跑得实在太慢了，大家一定早就到了，现在都回去休息了。他就低着头，难为情地对司令官说：“对不起，我跑得太慢了。”司令官并没生气，而是微笑着恭喜他是第一个到

达终点的，是这次比赛的冠军。他感到不可思议，自己从来没有取得过名次不说，连前50名也没有跑进过。

过了一会儿，一大群士兵跑了过来，他们个个都气喘吁吁，累得筋疲力尽。其实大路比小路要远得多，而且很难走。司令官是故意插牌子，迷惑士兵，从而考验他们的诚实。司令官严肃地对其他士兵说：“今天只有一个士兵是诚实的，他是真正的士兵。”

永存的墓碑

在纽约的河边公园里矗立着“南北战争阵亡战士纪念碑”，每年有许多游人来祭奠亡灵。美国第十八届总统、南北战争时期担任北方军统帅的格兰特将军的陵墓，坐落在公园的北部。格兰特将军陵墓的后边，更靠近悬崖边的地方，还有一座小孩子的陵墓。

那是一座极小极普通的墓，它和绝大多数美国人的陵墓一样，只有一块小小的墓碑。在墓碑旁边的一块木牌上，却记载着一个感人至深的故事。

这片土地的小主人五岁时，不慎从这里的悬崖上坠落身亡。其父伤心欲绝，将他埋葬于此，并修建了这样一个小小的陵墓，以作纪念。数年后，老主人将这片土地转让。他对以后的土地主人提出一个奇特的要求，他要求新主人把孩子的陵墓作为土地的一部分，永远不要毁坏它。新主人答应了，并把这个条件写进了契约。这样，孩子的陵墓就被保留了下来。

沧海桑田，这片土地不知道辗转卖过了多少次，也不知道换过了多少个主人，孩子的名字早已被世人忘却，但孩子的陵墓仍然还在那里，它依据一个又一个的买卖契约，被完整无损地保存下来。

又一个一百年以后，1997年的时候，为了缅怀格兰特将军，当时的纽约市长朱利安尼来到这里。那时，刚好是格兰特将军陵墓建立一百周年，也是小孩去世两百周年的时间，朱利安尼市长亲自撰写了这个动人的故事，并把它刻在木牌上，立在无名小孩陵墓的旁边，让这个关于诚信的故事世世代代流传下去……

拯救自己

一艘货轮在烟波浩渺的大西洋上行驶。一个在船尾搞勤杂的黑人小孩不慎掉进了波涛滚滚的大西洋。孩子大喊救命，无奈风大浪急，船上的人谁也没有听见。他眼睁睁地看着货轮随着浪花越来越远……

求生的本能使孩子在海水里拼命地游。他挥动着瘦小的双臂，努力使头伸出水面，睁大眼睛盯着轮船远去的方向。船越来越远，船身越来越小，到后来，什么都看不见了，只剩下一望无际的汪洋。孩子力气快用完了，实在游不动了，他觉得自己要沉下去了。放弃吧，他对自己说。这时候，他想起了老船长那张慈祥的脸和友善的眼神。不，船长知道我掉进海里后，一定会来救我的！想到这里，孩子鼓足勇气，用生命的最后力量又朝前游去……

船长发现那黑人孩子失踪了，当他断定孩子是掉进海里后，下令返航回去找。这时，有人说道：“这么长时间了，就是没有被淹死，也让鲨鱼吃了……”船长犹豫了一下，还是决定回去找。又有人说：“为一个黑人孩子，值得吗？”船长大喝一声：“住嘴！”终于，在那孩子就要沉下去的最后一刻，船长赶到了，救起了孩子。

当孩子苏醒过来之后，跪在地上感谢船长的救命之恩时，船长扶起孩子问：“孩子，你怎么能坚持这么长时间？”孩子回答：“我知道您会来救我的，一定会的！”“你怎么知道我一定会来救你？”“因为我知道您是那样的人！”

听到这里，白发苍苍的船长“扑通”一声跪在黑人孩子面前，泪流满面：“孩子，不是我救了你，而是你救了我啊！我为我在那一刻的犹豫而耻辱……”

品牌的价值

梅耶·安塞姆，是赫赫有名的罗特希尔德家族财团的创始人。18世纪末，他住在法兰克福著名的犹太人街道时，他的同胞们常常遭到残酷迫害。虽然关押他们的房子的门已经被拿破仑推倒了，但此时他们仍然被要求在规定的时间回到家里，否则将被处以死刑。他们过着一种屈辱的生活，生命的尊严遭到践踏，所以一般人在这种条件下很难过一种诚实的生活。但实践证明：安塞姆不是一个普通的犹太人。他开始在一个不起眼的角落里建立起了自己的事务所，并在上面悬挂了一个红盾。他将其称为罗特希尔德，在德语中的意思就是“红盾”。他就在这里干起了借贷的生意，迈出了创办横跨欧陆的巨型银行集团的第一步。

他的邻居兰德格里夫·威廉被拿破仑从赫斯卡塞尔地区的地产上赶走的时候，还拥有500万的银币。兰德格里夫把这些银币交给了安塞姆，并没有指望还能把它们要回来，因为他相信侵略者们肯定会把这些银币没收的。但是，安塞姆这位犹太人却非常聪明，他把钱埋在后花园里，等到敌人撤退以后，就以合适的利率把它们贷了出去。当威廉回来的时候，等待他的是令他喜出望外的好消息——安塞姆差遣他的大儿子把这笔钱连本带息送还了回来，并且还附了一张借贷的明细账目表。

在罗特希尔德这个家族的世世代代中，没有一个家庭成员给家族诚信的名誉带来过一丝的污点，不管是生活上的，还是事业上的。如今，据估算，仅“罗特希尔德”这个品牌的价值就高达 4 亿美元。